노무사가
알려주는
**현장에서
바로 통하는
노무 처방전**

# 노무사가 알려주는

# 현장에서 바로 통하는 노무 처방전

박예희 지음

자영업 사장님 편

커리어북스
CAREER BOOKS

# 프롤로그

사장님이 업장 운영을 할 때 가장 중요하게 생각하는 것은 무엇일까? 매출, 순수익, 수수료, 세금, 인건비 등등일 것이다. 하지만 이 질문에 직원 관리라는 답변이 쉽사리 나오지 않는다. 대부분 크지 않은 업장이다 보니 직원 관리에 대해서 그리 중요하게 생각하지 않는 것 같다.

얼마 전 알고 지내던 한 사장님의 전화를 받은 일이 있었다.

"노무사님, 저 지금 노동청에서 우편물을 하나 받았는데 〈출석요구서〉라고요. 이게 뭐죠? 임…금…체…불? 저는 아르바이트생이건 직원이건 월급을 단 한 번도 밀려본 적이 없어요. 대출을 받아서라도 월급은 다 줬다고요!"

사장님의 사정 이야기를 찬찬히 들어보니 사장님은 아르바이트생에게 주휴수당을 주지 않았고, 퇴사한 아르바이트생이 퇴사 후 이를 알고 노동청에 임금체불 진정_밀린 임금을 달라고 사업장 관할 노동지청에 민원을 신청하는 것을 한 것이었다.

"와……, 정말 너무하네요. 정말 월급 한번 밀린 적 없고, 직원의 바쁜 사정 다 봐줘가면서 아르바이트할 수 있도록 해줬는데. 가족같이 챙겨줬는데 어떻게 이럴 수 있죠?"

한국은 외국에는 없는 개념, 사람들에게 친근감을 느끼는 마음인 '정_情'이 있다. 과거에는 그 정으로 업장의 직원들을 챙기고, 직원들은 사장님의 정을 느끼며 내 업장이라는 생각으로 일을 하곤 했었다. 하지만 이제는 시대가 변했다. 정으로, 직원 및 아르바이트생을 가족으로 생각하고, 직원과 아르바이트생도 사장님을 가족으로 생각하며 내 일처럼 일을 해주던 시대는 지났다.

어떤 노래의 한 구절도 있지 않은가? '내 가족은 집에 있어요~.' 예전처럼 내가 일하는 곳에서 주인인 것처럼 일하지 않는다. 받은 만큼만 일하고, 주지 않으면 일하지 않는다. 사장님은 철저한 자본주의의 원리를 직원·아르바이트생을 통해서 몸소 체험하는 것이다.

위의 사장님은 평소 직원·아르바이트생 관리보다 업장의 매출, 홍보, 세금에 관심을 쏟았다. 직원 관리를 중요하게 생각하지 않았던 것이다. 하지만 사건이 터지니 큰돈이 나가고, 이를 예방하기 위해서는 미리미리 준비하는 것이 중요하다는 것을 알게 되었다고 한다. 그래서 이제는 직원·아르바이트생 관리에 철저하려고 노력한다고 했다.

직원 관리! 사실 직원·아르바이트생 관리는 보험과 같다고 생각한다. 우리는 보험에 왜 가입하는가? 앞으로 일어날지도 모르는 일에 대하여 대비하기 위함이 아닌가? 보험도 처음 가입할 때 내 몸은 건강하지만, 미래에 언젠가 아플지도 모르는 상황을 생각한다. 보험에 가입하지 않은 사람은 왜 보험에 가입하는지 그 필요성을 크게 인식하지 못하기 때문이다. 하지만 갑자기 몸이 아파 큰돈이 들어가면 그제야 '그때 그 보험에 가입할 걸 그랬나 봐.'라고 후회한다.

직원 관리도 마찬가지이다. 처음 일을 시작할 때는 서로 잘해보겠다는 마음으로 시작하지만, 나중에 헤어질 때는 좋게 헤어지는 경우가 거의 없다. 진흙탕으로 끝나는 경우가 많다. 요즘 들어서는 특히 그렇다. 사장님은 처음부터 직원 관리를 철저히 했다면 이런 일이 없었을 것이라고 후회하는 경우가 다반사이다.

또, "나는 노동법 같은 것은 모른다. 이런 것이 있는 줄 몰랐다."라며 하소연하는 사장님도 많다. 법의 무지는 용서되지 않는다. 대한민국에 제정된 법은 내가 알지 못했다 하더라도 반드시 지켜야 하기 때문에 내가 사람을 고용했다면 노동법을 위반해서는 안 되는 것이다. 가뜩이나 힘든 이 시기에 당황스러운 일이 생기지 않도록 이 책이 사장님들에게 도움이 되길 바란다.

▶ 시중에 나온 많은 노동법 관련 책에서 사업장, 사용자, 근로자 등의 법 용어를 사용하고 있다. 하지만 이 책을 읽는 사장님에게 좀 더 친근하게 다가가기 위하여 사업장은 '업장', 사용자는 '사장님', 근로자는 '직원'이라 칭했으며, 최대한 쉽게 설명하기 위해 노력했다.

## 직원이 근무하는 동안
# 필요한 노동법!

PART 2

## 직원 퇴사할 때
# 필요한 노동법

PART 3

## 특별한 상황에
# 필요한 노동법 (코로나19, 성희롱 등)

## 노동법
# 관련서류

PART
1

# 직원 입사 시 필요한 노동법!

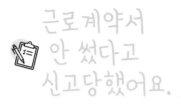

근로계약서
안 썼다고
신고당했어요.

Q. 제가 너무 급해서 매니저를 구했는데 김 매니저가 일을 너무 못하는 거예요. 그래서 일주일 만에 그만 나오라고 했거든요. 김 매니저를 내보내고 난 후 현재 남 매니저를 채용했고, 지금 남 매니저는 일을 잘해서 다행이다 생각했어요. 그런데, 나참……. 한 달 뒤에 고용노동부에서 전화 한 통을 받았어요. 일 못해서 그만두라고 했던 김 매니저가 근로계약서를 작성하지 않았다면서 신고한 거예요.

'사장님, 근로계약서 작성하셨어요?'라는 물음에 사장님들은 이런 대답을 하신다.

"네? 뭐요? 근로계약서요? 저희 업장은 그런 것 안 씁니다."

"우리 업장이 이렇게 작은데 뭐 그런 걸 쓰나요?"

"근로계약서요? 그런 건 일반 회사에서나 쓰는 거 아니에요?"

"우리는 그런 것 안 써도 됩니다. 모두 착해서 믿음으로 일해요."

이런 이야기를 들을 때마다 참 답답하다. 지금 이 책을 읽고 있는 사장님, 직원이나 아르바이트를 왜 채용하는지 생각해본 적이 있는지 묻고 싶다. 직원 혹은 아르바이트생들의 노동력을 돈을 주고 사용하기 위함이 아닌가?

부동산 계약을 한 번쯤 해본 경험이 있을 것이다. 집을 사고팔거나 월세, 전세 계약을 할 때는 무조건 계약서를 작성한다. 이때 계약서를 작성하지 않는 경우를 본 적이 있는가? 거의 없을 것이다. 그렇다면 부동산 계약 시 왜 계약서를 쓸까? 큰돈이 오고 가서? 내가 사는 곳이니까? 그것은 계약서를 써서 서로의 의무와 권리 등 서로의 책임을 명확히 하고, 추후에 문제가 생기는 것을 방지하기 위함이다.

처음 직원이나 아르바이트를 구할 때 면접을 하며 하는 일, 일하는 장소, 일하는 시간, 임금, 휴일 등을 정한다. 그 내용을 적은 것을 근로계약[1]이라 한다. 그러나 많은 업장에서 근로계약서를 작성하지 않는다. 그 이유는 위의 사장님들 답변처럼 다양하다. '작은 업장이라서', '사무직이 아니라서', '직원과 아르바이트생들이 모두 착해서'라는 것은 근로계약서를 작성하지 않는 이유로 인정될 수 없다_노동청에서도 인정해주지 않는다. 절.대.로!

---

1 근로기준법 제2조(정의) 제①항
4."근로계약"이란 근로자가 사용자에게 근로를 제공하고 사용자는 이에 대하여 임금을 지급하는 것을 목적으로 체결된 계약을 말한다.

근로계약서를 작성하는 것은 법으로 강제된 사항,[2] 강행법규_당사자의
의사와 관계없이 강제적으로 적용되는 법규이기 때문이다. 따라서 근로계약서를 작
성하지 않으면 500만 원 이하의 벌금[3]에 처한다_기간이 정해져 있는 계약직 직원
이나, 1주 40시간보다 적게 일하는 아르바이트생의 경우에는 500만 원 이하의 과태료가 부과됨.

그렇다면 근로계약서, 어떻게 작성해야 할까? 실 근로계약서 양식
은 법으로 정해진 양식은 없다. 법에서 정해진 내용이 다 들어가 있으
면 되는 것이다.

박노무사 사장님, 이 근로계약서 양식은 어떻게 쓰게 되신 건가요?
사장님 1 아, 이거요? 제 지인 중에 사업을 좀 오래 하신 분이 있거든
    요. 사업을 오래 했으니까 거기 것을 쓰는 게 제일 나을 것
    같아서 양식을 줄 수 있는지 물어봤더니 바로 보내주더라
    고요. 그래서 그걸 쓰고 있죠.
사장님 2 세무사 사무실에 계약서 양식이 있으면 하나 보내달라고
    했더니 이거 보내주던데요?

이 상황에 공감하며 고개를 끄덕이는 사장님이 많을 것이다. 나는
이를 추천하지 않는다.

---

2 근로기준법 제17조(근로조건의 명시)
 ①사용자는 근로계약을 체결할 때에 근로자에게 다음 각 호의 사항을 명시하여야 한다. 근로계
약 체결 후 다음 각 호의 사항을 변경하는 경우에도 또한 같다. 1.임금, 2.소정근로시간, 3.제55조
에 따른 휴일, 4.제60조에 따른 연차 유급휴가, 5.그 밖에 대통령령으로 정하는 근로조건
3 근로기준법 제114조(벌칙)

①다른 업장의 근로계약서 양식을 빌려 작성하는 경우

업장마다 다른 상황이 있고 특이점이 있기 때문에 이를 모두 담을 수 없고, 사업을 오래 했던 사장님이 먼저 사용하고 있던 양식이라고 하여 그것이 정답일 수 없다.

②업장의 세무를 담당하는 사무실은 세금 관련 업무를 담당하는 곳이다.

업장에서는 세금이 제일 중요한 업무라 생각해서 그곳에 업장에서 일어나는 모든 일을 다 물어보고 답변을 원하시는 경우가 많다. 업력이 높은 사무실에서는 인사·노무 관리도 잘하기도 한다. 하지만 주력 업무가 아니다 보니 그곳에서의 답변이 정답이 아닐 수 있다_나도 가끔 자문하는 회사에서 세금 관련 질문을 받는 경우가 있다. 정말 기본적인 선에서 답변한 적이 있다. 하지만 나는 세금 관련 전문가가 아니니 99%는 세무소에 문의하라고 말한다. "사장님, 저는 노무사라서 세금은 세무 담당하는 곳이 더 정확한 답변을 주실 겁니다."

세금 담당하는 사무실에서 고용노동부의 표준계약서, 혹은 노무사의 자문을 받은 계약서 양식을 전달해주는 것이라면 걱정이 없겠지만 간혹 인터넷상에서 검색하면 받아볼 수 있는 양식_법상 꼭 작성되어야 하는 내용이 모두 포함되지 않은 양식이나 잘못된 정보로 작성된 양식을 업장에 전달할 때가 있다. 그렇기에 세무 담당 사무실에서 주는 근로계약서가 무조건 답은 아니라고 말하고 싶다_하지만 잘하는 사무실도 있어요! 정말요!

그럼 근로계약서 양식은 어디서 구해야 할까? 인터넷 검색? 유료

문서서식 사이트? 그것도 비추천한다. 인터넷 검색이나 유료 문서서식 사이트에서 검색하면 법적으로 문제없는 근로계약서를 다운받을 수 있다. 하지만 대개 근로계약서에 법적으로 반드시 들어가 있어야 하는 내용이 하나, 두 개씩 빠져 있는 경우가 있다.

"자자, 이제 본론 나옵니다."

나는 처음 근로계약서를 작성하려고 하는 사장님에게 고용노동부의 표준근로계약서를 토대로 근로계약서를 쓰라고 권유한다. 고용노동부에서 나온 것이기 때문에 기본적인 내용이 모두 들어 있고, 또 '한글' 파일이기 때문에 이를 기본 토대로 하여 내가 추가하고 싶은 내용을 수정할 수 있기 때문이다.

## 고용노동부의 표준근로계약서

고용노동부 홈페이지에 들어가서 「표준근로계약서」[4]를 검색하면 총 7종의 계약서 양식을 받아볼 수 있다_P.218 관련서류 참고.

고용노동부 표준근로계약서를 기준으로 각 업장마다 다른 근로조건, 근로시간 등 개개의 사정에 맞게 수정하여 사용하고, 그것이 맞는지 아닌지 궁금한 분은 주변의 노무사에게 상담을 받거나, 근로계약서 컨설팅을 받는 것을 추천한다.

---

4 고용노동부 표준근로계약서(홈페이지 주소 : www.moel.go.kr)

# 근로계약서는 어떻게 쓰나요?

Q. 요즘 여기저기서 근로계약서를 써야 한다고 하는데 어떻게 쓰는 건지 모르겠어요. 써도 제대로 써야 할 것 같은데 어떤 내용이 들어가야 하나요?

①어떤 일을 시작하기 전에 계약서를 작성하는 일은 무척 중요하다.

사장님은 업장을 시작할 때 임대차계약서를 써본 적이 있을 것이다. 임대차계약서는 업장을 임대하고, 임대의 대가로 임차료를 지급하는 것을 약속하는 문서이다. 그 안에는 어떤 부동산을 어떤 시기에 어떤 방법으로 계약금이나 보증금을 주고받을 것인지, 그리고 특약사항에 계약의 양 당사자들이 구두로 협의한 사항_예: 임대인이 도배 새로 해주기, 고장 난 수도꼭지 고쳐주기 등 계약의 전반적인 사항을 세세히 적어 계약의 양 당사자가 사인하고 같은 서류 한 장씩 나누어 가진다. 아유,

힘들다. 그냥 좋은 임대인을 만났고, 맘에 들면 구두로 업장을 빌리면 되지 않을까? 부동산 중개료까지 내면서 임대차계약서를 꼭 써야 할까? 임대계약 조건을 말로만 약속하면 임차인과 임대인 중 누군가 약속을 지키지 않는 경우에 책임 소재를 묻기 어렵다. 그렇기에 업장을 빌려주는 조건과 업장을 어떻게 써야 하는지를 명확히 하여 추후 분쟁을 대비해 계약서를 쓰는 것이다.

근로계약은 직원이 가지고 있는 노동력 중 일부를 돈을 주고 잠시 빌리는 계약이다. 노동력을 빌릴 때 조건을 말로만 하는 경우, 나중에 해당 직원과 문제가 생기면 골치가 아파진다. '내가 맞다, 네가 거짓말이다, 언제 그런 말을 했느냐.' 등 난리도 아니다. <u>근로계약서를 쓰는 이유는 직원의 근로조건을 확실히 정하기 위함도 있지만, 나중에 있을지 모르는 직원과의 분쟁 방지에 근로계약서만 한 것이 없기 때문이다</u>_분쟁 방지가 가장 큰 목적이라 할 수 있다.

그럼 A4 용지에 근로조건을 써놓으면 될까? 그것이 근로계약서가 될까? 된다. 될 수 있다. 하지만 분쟁 방지를 위해 쓰는 근로계약서라면 법에 들어가야 하는 내용을 빼먹지 말라고 권하고 싶다. 그럼 어떤 내용을 넣어야 할까? 임대차계약서에 어떤 내용이 있었는지 기억나는가? 계약의 당사자, 임차주택을 표시_주소, 보증금·중도금의 금액 및 지불기한, 임대차 기간, 계약해지에 따른 손해배상 책임 여부 등을 쓴다. 근로계약서도 비슷하며, 반드시 포함될 내용은 다음과 같다.

▶ 근로계약서에 포함되어야 하는 내용

① 임금: 임금의 구성항목, 계산방법, 지급방법

② 소정근로시간

③ 휴일_근로기준법 제55조

④ 휴가_근로기준법 제60조

⑤ 그 밖의 근로조건: 취업 장소와 종사할 업무에 관한 사항, 취업규칙에서
　　　　　　　　　정한 사항, 기숙사 규칙에서 정한 사항_기숙사가 있는 경우

② "이렇게 해도 어떻게 써야 하는지 잘 모르겠는데요."라는 사장님이 있다.
백문이 불여일견이라고 말로 설명하는 것보다 보여주는 것이 최고
이다. 고용노동부 표준근로계약서 중 '기간의 정함이 없는 계약서'
로 작성법을 이야기하자. 근무조건을 사전에 직원과 합의하는 것이
중요하다. 합의된 내용을 종이로 옮기는 것이 근로계약서 작성이다.

**01 근무조건**

| 구분 | 세부사항 |
|------|---------|
| 근무장소 | 나사장네 본점 |
| 업무내용 | 손님응대 |
| 근로일 / 근무시간 | 주 5일 / 11:00~21:00 (휴게시간 14:00~16:00) |
| 임금 | 월 200만 원 |

위의 근무조건에 합의했다면 이를 토대로 근로계약서를 작성한다.

# 표준근로계약서(기간의 정함이 없는 경우)

 나사장 (이하 "사업주"라 함)과(와)  너직원 (이하 "근로자"라 함)은 다음과 같이 근로계약을 체결한다.

1. 근로개시일 : 2021 년 1 월 1 일부터
2. 근 무 장 소 : 나사장네 본점
3. 업무의 내용 : 손님응대
4. 소정근로시간 : 11 시 00 분부터 21 시 00 분까지(휴게시간 : 14시 00분~ 16시 00분)
5. 근무일/휴일 : 매주 5 일(또는 매일단위) 근무, 주휴일 매주  일 요일
6. 임 금
   - 월(일, 시간)급 : 2,000,000 원
   - 상여금 : 있음 (   ) _____ 원, 없음 (   )
   - 기타급여(제수당 등) : 있음 (   ), 없음 (   )
     · _____원,  _____원
     · _____원,  _____원
   - 임금 지급일 : 매월(매주 또는 매일) 10 일(휴일의 경우는 전일 지급)
   - 지급방법 : 근로자에게 직접지급(   ), 근로자 명의 예금통장에 입금 ( √ )
7. 연차유급휴가
   - 연차유급휴가는 근로기준법에서 정하는 바에 따라 부여함
8. 사회보험 적용여부(해당란에 체크)
   ☑ 고용보험   ☑ 산재보험   ☑ 국민연금   ☑ 건강보험
9. 근로계약서 교부
   - 사업주는 근로계약을 체결함과 동시에 본 계약서를 사본하여 근로자의 교부요구와 관계없이 근로자에게 교부함(근로기준법 제17조 이행)
10. 근로계약, 취업규칙 등의 성실한 이행의무
    - 사업주와 근로자는 각자 근로계약, 취업규칙, 단체협약을 지키고 성실하게 이행해야 함
11. 기 타
    - 이 계약에 정함이 없는 사항은 근로기준법령에 의함

2021 년 1 월 1 일

(사업주) 사업체명 : 나사장네    ( 전화 : 02-123-4567 )
           주   소 : 서울특별시 특별구 특별로 21
           대 표 자 : 나사장
(근로자) 주   소 : 서울특별시 서울구 특별로 21
           연 락 처 : 010-1234-567
           성   명 : 너직원

# 근로계약서는 꼭
## 일하기 전,
## 일하기 전에!
## 무조건 일하기 전에!!!

Q. 근로계약서는 언제 작성하면 될까?

"정식 근로계약서는 수습기간이 끝나고 작성하면 되는 거죠?"

절대로 아니다. 근로계약서는 무조건 직원이 출근하기 전, 혹은 처음 출근하여 일하기 전에 써야 한다. 오늘 하루 일해보고, 또는 수습기간 지나고 쓰는 것은 인정되지 않는다. '일용직은요? 하루만 와서 일하는 직원은요?' 하루만 와서 일하는 직원도 일하기 전에 근로계약서를 반드시 작성해야 한다. '근로계약서 쓸 시간이 없어요.' 휴우……, 그건 말이 안 된다. 일을 가르쳐줄 시간은 있는데 왜 근로계약서를 쓸 시간은 없을까? 일을 가르쳐주는 것만 해도 시간이 빠듯하다?! NO! 업무를 가르쳐주는 시간 안에 근로계약서 쓰는 시간도 포함하라!

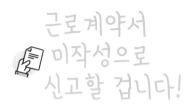

근로계약서
미작성으로
신고할 겁니다!

다음은 얼마 전 새로 직원을 채용한 사장님이 일하기 전에 근로계약서를 작성하지 않아 겪은 일이다.

얼마 전 직원을 뽑았다. 그런데 그 직원이 연락 없이 결근했다. 일한 지 겨우 일주일째, 아무리 전화를 하고 문자, 카톡을 해도 답이 없다. 그러더니 밤에 그 직원으로부터 문자 한 통을 받았다.

직　　원　일이 힘들어서 더 이상 못 하겠어서 그만두겠습니다. 계좌 번호를 드릴 테니 이곳으로 일주일의 임금을 보내주세요.

사장님　네가 업장으로 직접 와서 받아 가!

직　　원　계좌번호로 보내면 되는데 왜 업장으로 가야 합니까?

사장님은 직원의 갑작스러운 통보에 괘씸하다 느낀다. 후임을 구하는 데 말미라도 주었더라면, 혹은 직접 와서 말만 해줬어도 이렇게까지 화나지 않을 것이다. 갑자기 그만둔 직원을 대신할 사람을 구하느라 정신없고, 또 갑자기 바뀐 스케줄로 다른 직원들이 힘들어하는 등 여러 가지 일이 벌어진다. 사장님은 문자로 계좌번호만 보낸 직원이 야속했다.

직　　원　돈을 보내지 않으면 노동청에 신고하겠습니다.

사 장 님　노동청에 신고할 테면 신고해봐!

직　　원　사장님, 근로계약서 안 쓰셨죠? 저 이것도 같이 신고할 거예요. 근로계약서 안 쓰면 500만 원 벌금 받으시는 거 아시죠? 그동안 일했던 임금과 합의금을 주면 근로계약서 안 쓴 것에 대해서 신고하지 않겠습니다.

직원이 사장님에게 엄포를 놓는다. 이쯤 되니 사장님도 열 받았다. 그런데⋯⋯. 벌금? 벌금이라니? 앞에서 해볼 테면 해보라고 했는데 초록 창에 근로계약서를 쓰지 않으면 생기는 일에 대해서 엄청난 검색을 해본다. 근로계약서를 안 쓰면 벌금형에 처한다는 것을 사장님은 이제서야 알았다.

직원이 갑자기 그만둔 것도 답답한데 거기에 합의금 요구라니! 그런데 이 요구에 응하지 않으면 나는 하루아침에 전과가 생긴다. 이를 어떻게 하면 좋을까? 사장님은 전과가 생기는 것이 두렵고 또 일을 크게 만들고 싶지 않았다. 그래서 울며 겨자 먹기로 직원이 원하는 대로 임금과 합의금을 주었다. 직원이 일을 시작하기 전에 근로계약서를 쓰지 않은 대가가 이렇게 크다는 것을 미처 알지 못했다.

> **▶ 벌금**
> · 법의 형사처벌에 관한 규정을 위반한 경우 재판을 거쳐 일정 금액을 국가에 납부하는 것
> · 벌금형은 중범죄의 일종으로 벌금을 내게 되면 전과기록이 남음
> · 일정 기간 납부하지 않으면 징역으로 형이 바뀌어 노역으로 대신하기도 함
> **▶ 과태료**
> · 행정 법규 등 형벌의 성질을 갖지 않는 법령 위반에 대하여 시청이나 군청 등이 부과하는 금전적인 징계

위 사장님이 운이 없어서 안 좋은 직원을 만난 것이 아니냐고 생각하실 수도 있다. 하지만 요즘 이런 일은 생각보다 자주 일어난다. 사장님이 내게 상담을 청할 때 직원의 갑작스러운 퇴사에 대한 질문이 항상 있기 때문이다.

그러니 사장님! 근로계약서를 쓰는 것도 중요하지만 그 시기가 더 중요하다. 직원이 업장에서 일하기 전, 일을 설명해주기 전에 무조건 계약서를 쓰도록 하자!

# 근로계약서를 거부하는 직원은 방법이 없나요?

Q. 직원을 새로 뽑아서 근로계약서를 작성하려고 합니다. 그런데 본인이 근로계약서를 쓰면 안 되는 처지라며 계속해서 계약서 작성을 거부합니다. 계약서를 작성하지 않으면 벌금이 나온다던데 어떻게 해야 하나요?

앞에서 설명한 것과 같이 사장님이 직원을 채용했을 때 근로계약서는 반드시 작성해야 하며 미작성 시 500만 원 이하의 벌금형에 처한다. 그러나, 채용공고와 면접에서 근로조건을 모두 말했고, 서로 동의하에 근무하기로 약속했으나, 이를 종이로 옮기는 것을 거부하는 직원! 그 직원이 퇴사 후 사장님을 근로계약 미작성으로 신고하면 어떻게 될까? 사장님은 근로계약서를 쓰기 위해 노력했지만 직원이 거부했으니 벌금형을 면할 수 있을까?

벌금형은 면할 수 없다.

그럼 어떻게 해야 할까? 사장님이 근로계약서를 쓰기 위해 정말 노력했다는 점, 이를 직원이 거부했다는 것을 증명해야 한다. 아래의 두 가지 방법이 있다.

첫 번째, 내용증명[5]을 보내는 것이다.

직원 채용 시 주민등록등본, 은행 통장 사본 등을 받았을 것이다. 주민등록증상 주소지로 근로계약서와 「근로계약서 작성 요청」 내용으로 내용증명을 보낸다. 이렇게 하면 사장님은 근로계약서 작성과 교부를 위해 노력했지만 실행하지 못한 것은 근로자 때문이라는 것을 증명할 수 있다.

두 번째, 이력서 등에 기재된 직원 이메일로 근로계약서를 첨부·발송하여 근로계약서 작성을 재촉하는 것이다.

두 번째 방법이 쉽지만, 확실한 것은 첫 번째 방법이라는 점을 기억하자.

근로계약서를 쓰지 않았어도 사장님과 직원이 합의한 근로조건이 그대로 적용되며 근무하는 상태에서 근로계약 자체는 유효하다. 이런 경우 사장님에게 근로계약서 작성과 교부 의무만 남는데 이를 진행하지 못한 것에 대해 사장님의 고의나 과실이 없다는 것이 인정된다면 사장님은 처벌받지 않는다.

---

5 내용증명 보내는 방법
 ① 인터넷 우체국 활용
 인터넷 우체국 홈페이지에서 우편>증명서비스>내용증명>신청
 ② 우체국 직접 방문
 우체국에 내용 문서의 원본과 복사본 2통, 총 3통과 내용증명을 받을 주소를 작성한 봉투 1 부를 제출(1 부는 우체국 보관용, 1 부는 발송인 보관용, 1 부는 수취인에게 발송용으로 사용돼)

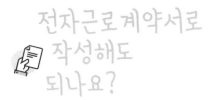

전자근로계약서로
작성해도
되나요?

Q. 저희 업장은 업장 내에 프린터도 없고, 이런저런 서류를 쓰는 것이 어려
워요. 요즘 전자근로계약서 작성이 가능한 핸드폰 애플리케이션이 많거든
요. 이걸로 근로계약서 대신해도 됩니까?

　많은 업장에는 프린터가 없고 문서를 작성하거나 보관하기 불편
한 경우가 많다. 하지만 근로계약서 등 인사 관련 서류는 법적으로
3년간 보관[6]해야 한다. 들고 나는 아르바이트생이 많은데 그걸 모두,
그것도 3년이나 보관해야 하니 부담이 클 것이다.
　그래서 고용노동부에서 근로기준법, 전자문서 및 전자거래 기본법

---

6 근로기준법 제42조_계약 서류의 보존
　사용자는 근로자 명부와 대통령령으로 정하는 근로계약에 관한 중요한 서류를 3년간 보존하여
야 한다_근로계약서, 임금대장, 임금의 결정·지급방법·임금계산의 기초에 관한 서류, 고용·해고·퇴직에 관한 서류, 승급·감급
에 관한 서류, 휴가에 관한 서류.

등 관련 법령을 토대로 「전자근로계약서 가이드라인」을 발표했다. 근로기준법에 따라 근로계약이 체결되었음을 증명하는 출력이 즉시 가능한 전자문서를 '전자근로계약서'라 말한다. 전자근로계약서로 인정되는 방법은 다음의 세 가지이다.

▶ 전자근로계약서 작성 방법

① 사내 전산망에 전자근로계약서 작성 시스템을 구축

② 외부 전자근로계약서 작성 시스템을 활용

　(인터넷 구인·구직 사이트 시스템, 애플리케이션 시스템)

③ 종이로 작성한 근로계약서를 스캔 또는 사진 등의 방식으로 전자화

　전자적인 방식으로 근로계약서의 서명·날인을 받으므로 세 가지 방식 외에 효력인정은 어렵다. 근로계약서는 근로조건에 관한 사항이 명시되어야 하므로 다음과 같은 사항이 반드시 쓰여 있어야 한다.

1 전자근로계약서 내용

| 필수 명시사항 | 단시간 근로자 |
|---|---|
| 가. 임금(임금의 구성항목·계산방법·지급방법을 포함한다)<br>나. 소정근로시간<br>다. 휴일(근로기준법 제55조)<br>라. 연차유급휴가(근로기준법 제60조)<br>마. 취업의 장소와 종사하여야 할 업무에 관한 사항<br>바. 취업규칙에서 정한 사항 | 가. 근로계약기간에 관한 사항<br>나. 근로시간·휴게, 휴일·휴가에 관한 사항<br>다. 임금 구성항목·계산방법 및 지불방법<br>라. 취업의 장소와 종사하여야 할 업무에 관한 사항<br>마. 근로일 및 근로일별 근로시간 |

② 전자근로계약서 서명 방법

전자서명법상 전자서명의 방법을 사용하면 된다_공인전자서명, 공인전자서명 외 전자서명. 즉 서명자 본인이 전자서명한 것이 확인되면 된다. 예를 들어 사내 전산망에 아이디와 비밀번호로 접속해 본인의 전자서명이 사진 형식으로 표시되도록 승인하는 방식이 바로 그것이다. 대체로 사내 전자결재 시스템이 직원 본인의 서명을 스캔 파일 형태로 시스템에 저장하고 있어, 문서를 작성하고 결재 버튼을 누르면 바로 서명이 붙는 방식으로 작동된다. 이 방식은 아이디와 비밀번호만 있으면 전자서명을 할 수 있어 타인이 서명·날인할 가능성이 있다.

③ 전자근로계약서 보관 방법

전자근로계약서는 최종 작성 또는 서명 이후 어느 일방이 임의로 수정할 수 없도록 가급적 읽기전용문서_읽기전용 PDF 파일, 배포용 HWP 문서, 이미지 파일 등로 저장해야 한다.

④ 전자근로계약서의 교부

전자근로계약서를 근로자에게 교부하는 방법은 다음과 같다.

① 전자근로계약서를 종이로 출력하여 근로자에게 직접 전달

② 근로자에게 전자적 방법으로 근로계약서를 교부받겠다고 동의를 받은 경우 이를 근로자의 메일로 송신_다만, 근로자의 수신확인이 교부 조건으로 설정되어 있다면 송신만으로 교부 의무가 인정되지 않음.

※ 출처_고용노동부 전자근로계약서 가이드라인

## ▶전자근로계약서 2021년 추가사항

근로기준법이 개정되어 2021년 1월 5일부터 전자문서의 방법으로 근로계약 체결 및 교부가 가능하다.

> 근로기준법 제17조(근로조건의 명시)
>
> ②사용자는 제1항 제1호와 관련한 임금의 구성항목·계산방법·지급방법 및 제2호부터 제4호까지의 사항이 명시된 서면(「전자문서 및 전자거래 기본법」 제2조 제1호에 따른 전자문서를 포함한다)을 근로자에게 교부하여야 한다. 다만, 본문에 따른 사항이 단체협약 또는 취업규칙의 변경 등 대통령령으로 정하는 사유로 인하여 변경되는 경우에는 근로자의 요구가 있으면 그 근로자에게 교부하여야 한다.

전자근로계약서는 이미 사용 가능한 것이 아니었나?

몇 년 전부터 많이 활용되었고, 적극적으로 장려하던 전자근로계약서를 근로기준법 제17조 2항에서 명확히 가능함을 확인시킨 것이라 생각하면 된다.

# 수습기간의 임금은 월급의 80%예요.

Q. 업장에 새로 직원을 채용했는데 이쪽 경험이 없다고 합니다. 그래서 수습 기간을 두기로 했어요. 우리 업장이랑 잘 맞는지 보고, 일도 가르쳐야 하니까요. 수습기간에 임금은 월급의 80%로 하기로 했는데 괜찮은 거죠?

업장에 수습기간을 두는 경우가 많다. 수습기간은 직원의 업무능력 향상 등을 이유로 직원 채용 확정 후 일정 기간 교육을 받는 기간을 말한다. 수습기간은 업장에서 일정 기간 교육받는 기간이니 면접 시 합의했던 임금보다 더 적게 지급하는 것이 보통이다. 여러 업장을 상담해보면 수습기간의 임금은 월급의 90%, 80%, 70% 등 다양하다.

"수습기간 동안 임금은 월급의 80%입니다."

수습기간에 합의한 임금보다 적게 지급하는 것은 법적으로 문제없을까? 수습기간 직원에게 월급의 80%를 줘도 된다. 하지만 법 적용 시 월급의 80%가 최저임금의 90%를 한 금액보다 더 많은지 적은지 살펴봐야 한다.

**▶ 수습기간 동안 임금에 적용되는 법칙이 '1390 법칙'이다.**
**①** 근로계약 기간이 1년 이상인 직원
**②** 수습기간 3개월 이내의 기간
**③** 최저임금 감액_90% 적용 가능

사장님이 직원과 1년 이상 근로계약을 체결한 경우 수습인 3개월 은 최저임금의 90%로 감액해도 된다. 앞의 너직원을 예로 들어보자.

① 너직원은 수습기간의 임금을 본봉에서 감액할 수 있을까?
너직원은 2021년 1월 1일부터 나사장네 본점에 취직했다. 근로계약 기간은 2021년 1월 1일부터이며 기간의 정함은 없다. 근로계약서에 쓰여 있지 않지만 만약 수습기간을 3개월_2021년 1월 1일~2021년 3월 31일 로 정하고 나사장과 너직원이 수습기간에 합의했다면 수습기간의 임금은 감액할 수 있다.

② 수습기간의 임금을 월급의 80%로 해도 될까?
수습기간 동안 임금의 80%를 지급한다고 했을 때 이 금액이 최저

임금의 90%보다 많다면 수습기간은 처음 약속했던 임금의 80%를 지급해도 된다. 그러나 ①과 ②를 보면, 너직원 월급 80%는 1,600,000원으로 최저임금의 90%인 1,640,232원보다 적다. 따라서 너직원의 수습기간 임금은 월급의 80%로 하면 안 된다. 사장님은 적어도 1,640,232원_최저임금의 90%은 지급해야 한다.

① 너직원의 월급 80%: 2,000,000원×80%=1,600,000원

② 2021년 최저임금의 90%: 1,822,480원×90%=1,640,232원

· 최저임금의 90%보다 적으면 안 된다: 1,600,000〈1,640,232

어떤 사장님들은 '1390 법칙' 중 일부만 알고_390 법칙, 6개월 근로계약을 맺고 수습 3개월을 적용해 그동안 최저임금 90%로 감액하기도 한다. 이렇게 하면 절대 안 된다. 수습사원 월급 적용 시 '1390 법칙' 잊지 마시길!

▶ 단순노무업무의 경우에는 1년 이상의 근로계약을 체결한 수습기간의 직원이라 할지라도 최저임금의 90%로 감액할 수 없다. 단순노무업무 종사자는 통계청 홈페이지에서 확인 가능하다.

예) 택배원, 음식배달원, 청소원, 아파트경비원 등

우리 회사는

퇴직금이
없어요.

Q.우리 회사는 퇴직금이 없어요. / 우리 회사는 급여에 퇴직금이 포함되었
  어요.

①직원과 면접 볼 때 우리 업장은 작아서 퇴직금이 없다고 말했고, 직원도
  수긍했거든요. 그런데 그만두면서 갑자기 퇴직금을 달라는 거예요. 참나!
  본인도 퇴직금 없다는 것을 알았으면서 달라는 심보는 뭡니까?

②우리 업장은 다른 곳보다 월급이 높은 편이에요. 퇴직금을 급여에 포함해
  서 그래요. 그럼 직원이 나갈 때 퇴직금 걱정 안 해도 되고, 또 월급이 많아
  보이기도 하고 일석이조 아니겠습니까?

　처음 직원이 입사할 때 일주일에 며칠, 몇 시간 일할 것인지, 임금은
시급인지 주급인지 월급인지 등 여러 가지 근로조건과 퇴직금에 대

한 이야기도 나눌 것이다. 퇴직금은 직원이 업장에서 1년 이상 일하다가 그만두었을 때 지급해야 하는 것이다. 그렇기 때문에 입사할 때 퇴직금에 대해 언급하는 것은 이른 감이 없지 않다. 사장님은 직원이 오랫동안 일하길 바라지만 사실 입사한 직원이 1년 이상 일할지 안 할지는 아무도 모른다.

사장님에게 직원 고용 시 퇴직금은 부담되는 부분 중 하나이다. 그래서 이런 부담을 덜기 위해 직원과 10개월, 11개월, 11개월 15일 등의 근로계약을 선호하는 사장님도 있다. 하지만 퇴직금의 부담 때문에 업장에 대한 애착, 일에 대한 전문성을 가진 장기근속 직원을 포기한다는 것도 선택하기 어려운 일이다. 그래서 사장님은 퇴직금의 부담을 줄이기 위하여 ①채용 시 미리 직원과 퇴직금을 서로 주고받지 않는다고 합의를 하거나 ②월급 안에 퇴직금을 포함하기도 한다.

그렇다면 직원과의 합의로 퇴직금 받을 권리를 포기하기로 한 약속은 과연 효력이 있을까? 현재 법상으로 퇴직금을 중간정산하는 것은 금지되어 있는데 이를 직원과 합의하여 월급에 퇴직금을 미리 포함해서 지급해도 되는 걸까?

① 채용 시 직원과 퇴직금을 서로 주고받지 않는다고 합의하는 방법

결론부터 말하자면 안 된다. 효력도 없을뿐더러 쓸데없는 일이다. 퇴직금은 언제 발생하는지 생각하면 쉽게 이해할 수 있다. 1년 이상 일한 직원이 그만둘 때이다. 즉, 1년 이상 일한 직원이 그만둠과 동

시에 비로소 퇴직금 받을 권리가 생긴다는 것을 의미한다. 그리고 그때가 되어서야 해당 권리를 포기할지 말지 결정할 수 있다.

그러나 대부분의 사장님은 직원과 면접을 할 때 "우리 업장은 퇴직금이 없어요."라며 직원이 1년 이상 일해도 퇴직금을 지급하지 않을 것이고, 이에 대하여 동의_또는 합의 혹은 알고 있으라고 말한다. 따라서 직원 입사 시, 근무 중에는 퇴직금에 대하여 어떠한 합의_예를 들어 '퇴직할 때 퇴직금을 받지 않겠다', '퇴직금 받을 권리를 포기한다' 등도 할 수 없다고 생각한다.

근무 중에도 합의서를 작성할 수 있다. 더 정확하게 말하면 작성해도 된다. 사장님이 직원하고 합의서를 쓰고 서로 엄지 지장, 인감을 찍어도 되지만 효력이 없다. 그 종이는 정말 그냥 종이에 불과한 것이다. 이면지가 되어버린다. 왜? 직원에게 퇴사 전에는 퇴직금에 대한 권리가 없기 때문이다. 권리가 없는데 어떤 포기가 가능하겠는가? 이는 "내가 로또에 당첨이 되면 그 돈은 다 커리어북스에 투자할 것이다."라고 말하는 것과 같다. 지금 당장 일어나지 않은 일에 대하여, 앞으로 일어날지 알 수 없는 미래를 약속하는 것과 같다.

그러니 "우리 업장은 작아서_혹은 원래 퇴직금이 없어요." "월급을 좀 더 줄 테니 퇴직금은 없는 것으로 해요." 등의 말은 의미 없다는 점을 꼭 기억하자! "근로계약서에 그렇게 썼고 사인도 했어요!"이것도 의미 없다. 법대로 직원이 1년 이상 일하면 퇴직금을 주는 것이 좋다. 불법, 편법은 항상 끝이 좋지 않다. 정도를 걷는 것이 최고다.

② 월급 안에 퇴직금을 포함해서 지급하는 방법

　이 방법도 안 된다. No! 현재 우리나라에서는 퇴직금 중간정산을 할수 없다.[7] 다만, 퇴직금 중간정산이 아예 불가능한 것은 아니다. 법에 정해진 예외적인 경우[8]에는 가능한데 해당 사례는 아래와 같다.

◗ 퇴직금 중간정산이 가능한 예외적인 경우

　1. 무주택자인 근로자가 본인 명의로 주택을 구입하는 경우

　2. 무주택자인 근로자가 주거를 목적으로 전세금 또는 보증금을 부담하는 경우_한 사업에 근로하는 동안 1회에 한정

　3. 근로자가 6개월 이상 요양을 필요로 하는 사람_근로자 본인, 근로자의 배우자, 근로자 또는 그 배우자의 부양가족의 질병이나 부상에 대한 의료비를 해당 근로자가 본인 연간 임금총액의 1천 분의 125를 초과하여 부담하는 경우

　4. 퇴직금 중간정산을 신청하는 날부터 거꾸로 계산하여 5년 이내에 파산선고를 받은 경우

　5. 퇴직금 중간정산을 신청하는 날부터 거꾸로 계산하여 5년 이내에 개인회생절차 개시 결정을 받은 경우

　6. 사용자가 기존의 정년을 연장하거나 보장하는 조건으로 단체협약 및 취업규칙 등을 통하여 일정 나이, 근속시점 또는 임금액을 기준으로 임금을 줄이는 제도를 시행하는 경우

　6의 2. 사용자가 근로자와의 합의에 따라 소정근로시간을 1일 1시간 또는

---

7 2012년 7월 26일 근로자퇴직급여보장법이 개정되어 퇴직금의 중간정산이 금지되었음.
8 근로자퇴직급여보장법 시행령 제3조_퇴직금의 중간정산 사유

1주 5시간 이상 변경하여 그 변경된 소정근로시간에 따라 근로자가 3개월 이상 계속근로하기로 한 경우

6의 3. 근로시간의 단축으로 근로자의 퇴직금이 감소되는 경우

7. 재난으로 피해를 입은 경우로서 고용노동부장관이 정하는 사유에 해당하는 경우

월급에 퇴직금을 포함해서 주거나 퇴직금을 나누어 지급하는 것은 퇴직금 중간정산에 해당하기 때문에 법 위반, 효력이 없다.

그렇다면 월급에 포함해서 줬던 퇴직금은 어떻게 되는 걸까?

월급에 포함되어 있던 퇴직금은 직원이 이유 없이 지급받은 금품에 해당되어 이는 직원 입장에서 '부당이득'[9]이 된다. 따라서 ①직원은 업장에서 받은 퇴직금 명목의 금품은 업장으로 다시 반환하고, ②업장은 직원이 업장을 그만둔 시점을 기준으로 퇴직금을 다시 계산해서 줘야 한다.[10] 실제 업장에서 많은 경우 직원이 일했던 기간의 퇴직금을 계산하고, 여기서 부당이득을 뺀 나머지 금액만을 지급하는 것으로 마무리한다.

> 직원 근속기간에 대한 퇴직금-부당이득 = 회사가 지급해야 하는 퇴직금

9 대법원 2010. 5. 20. 선고, 2007다90760
10 다만, 월급에 퇴직금을 포함하는 경우는 여러 사례에 따라 다르게 해석될 수도 있음.

# 급여는 안 주셔도 되니 일 좀 가르쳐주세요.

Q. 직원을 채용하려는데 한 사람이 매일 찾아왔어요. 맨땅에 헤딩한다는 생각으로 일을 배우고 싶다고요. 눈이 이글이글해서 채용하고 싶지만 일을 전혀 모르니 처음부터 하나씩 가르쳐야 합니다. 업장 사정도 좋지 않고 일을 가르치고 있지만 또 일을 안 하는 건 아니라서 돈을 줘야겠죠? 최저임금 8,720원을 다 주긴 좀 그래서 시급 8,000원으로 합의했어요. 최저임금보다 적은 금액이라 걱정돼서 근로계약서 쓰고 지장 찍고, 계약서 1장씩 나눠 가졌어요. 문제없겠죠?

간혹 업장에 일을 배우고 싶다며 돈은 안 줘도 되니 일을 꼭 시켜달라고 부탁하는 사람이 있다. 사장님은 마음이 약해서, 혹은 일손이 부족한데 손을 빌릴 수 있어서, 혹은 열정에 반해서 등 여러 가지 이유로 그 사람을 업장으로 들이게 된다. 직원의 열정만 보고 업장의 사정이 좋지 못함에도 초짜 직원을 채용하는 것은 사장님의 입장에서는 큰 도전이다. 초짜 직원은 업장 내에서 서툴러도 일은 하고 있으니 그에 대한 대가를 지급해야 한다.

이때, 사장님은 라떼를 마시고 있을 것이다.

'하아, 옛날에 나는 일을 가르쳐주는 것만도 고마워했고, 돈을 주면서까지 일을 배우던 시절이 있었는데…… 격세지감이 느껴지는구만.'

그럼 열정 가득 초짜 직원에게 얼마를 지급해야 할까? 우리나라에는 최저임금 제도가 있다. 대한민국에서 일하는 모든 직원에게_정규직, 기간제, 단시간, 파견직, 초짜직원, 경력직, 외국인, 불법체류자 등 최저임금은 무조건 지급해야 한다.

이쯤 되면 사장님은 의문이 들 것이다. 초짜인 직원이 과연 최저임금을 받을 자격이 될까? 지금 일을 배우고 있으니 100% 노동력을 제공하지 못하는데 말이다. 그래서 사장님은 초짜 직원과 시급을 책정할 때 시급 8,000원을 지급하기로 한다. 최저임금_8,720원보다 적은 금액이지만 초짜 직원은 일을 배우면서 수입도 생기는 것에 만족했고 사장님도 이 정도면 나쁘지 않다고 생각한 것 같다. 그런데 최저임금보다 적은 금액이라 걱정이 된 사장님은 근로계약서를 작성한다. 사인으로는 마음이 놓이지 않아 지장도 찍었다. 서로 합의했고 계약서도 작성했고 지장도 찍었으니 추후 문제되지 않을 거라고 생각했다.

사장님! 이렇게 처리하면 문제가 됩니다!

최저임금은 무조건 지켜야 하는 법, 강행법규다. "강행법규가 뭔데요?"라고 물으신다면, 사장님과 직원의 의사와 관계없이 강제적으로 적용되는 법이라는 뜻이다. 사장님과 초짜 직원이 최저임금보다 낮은 시급에 합의하고, 근로계약서를 작성하고 서명 및 지장을 찍었더라도 사장님은 무조건 최저임금을 지급해야 하는 의무가 있다. 열심히 작성한 근로계약서는 효력이 없다. 무효인 것이다. 그러니 경력의 유무를 따지지 말고 국가에서 정한 최저임금은 반드시 지켜야 한다는 점 기억하길 바란다_너무 많이 올라 직원채용 힘드시죠? 그래도 법은 지켜야 합니다.

# 4대 보험 가입 or 3.3% 원천징수 중 고르세요.

Q. 지금 직원이 3명인데 1명만 원해서 4대 보험에 가입하고 있어요. 이번에 새로 온 직원도 4대 보험에 가입한다고 하는데 저는 사실 가입해주고 싶지 않습니다. 업장 부담이 커지니까요. 4대 보험에 가입 안 해도 될까요?

사장님이 직원을 채용할 때 묻는 근로조건 중 4대 보험 가입에 관한 질문도 있다.

"4대 보험 할 거예요, 아니면 3.3% 할 거예요?"

사장님은 직원의 의사에 따라 4대 보험 가입 여부를 결정한다. 직원이 가입하겠다면 가입해주고, 그렇지 않으면 사업소득세 3.3%로 임금을 처리한다. 직원의 의사와는 상관없이 4대 보험 가입 여부를 아예 물어보지 않고 사장님이 그냥 사업소득세로 처리하는 경우도 많다.

아직 많은 사장님이 4대 보험이 일하는 사람이라면 무조건 가입해야 할 의무보험이라는 걸 모르고 계신다. 일부 예외적인 조건이 있지만 업장에서 일하는 아르바이트생이든, 정규직이든, 계약직 직원이든 무조건 4대 보험은 필수 가입이다.

"지금까지 4대 보험 가입 안 해도 별 탈이 없었는데요? 가입하면 업장에서도 돈이 나가서 부담이 됩니다. 가입한다고 하면 아르바이트생 구하기도 어렵고요."

맞다. 업장에서는 3.3%로 인건비를 원천징수하는 것을 선호한다. 사장님은 사용자 부담분의 4대 보험료를 납부하지 않아도 되고, 직원의 입장에서는 임금에서 3.3%_소득세 및 지방소득세만 공제하기 때문에 4대 보험에 가입했을 때보다 실수령액이 많아지니 이득이라고 생각한다. 하지만 지금까지 4대 보험 가입하지 않고 업장을 운영했고, 아무런 문제도 발생하지 않았다면 굉장히 운이 좋은 사업장이다. 그러나 이 것은 지금 외줄 타기를 하는 것과 같은 상황이라고 할 수 있다.

직원 인건비를 4대 보험에 가입하지 않고 사업소득으로 신고하면 국민건강보험공단_4대 보험 징수 담당은 국세청에 세무신고한 것을 대조해 근로자로 의심되는 사업소득자에 대한 조사로 4대 보험료를 추징할 수 있다. 지난 3년 치 보험료를 계산해 미납액을 추징당할 뿐 아니라 그에 따른 과태료를 납부하고 노동청의 근로감독 점검 대상이 된다.

또 4대 보험에 가입하지 않은 직원은 산업재해보험에 가입된 상태가 아니기 때문에 일하다 다쳤을 경우 업장은 부담이 커진다. 그냥 병원비를 내주면 된다고 생각할 수 있지만, 직원이 산업재해 신청을 하는 경우_산업재해는 산업재해보험에 가입되지 않은 상태라도 일하다가 다친 경우에는 산업재해 신청이 가능하다 업장은 최대 3년 치의 산업재해보험료 소급분, 연체료, 가산세는 물론 근로복지공단에서 직원에게 지급하는 산재보험료의 50%를 과태료로 징수받을 수 있다.

직원이 4대 보험 가입을 원치 않아 가입하지 않았는데 나중에 그 직원이 실업급여를 받을 수 있는 조건으로 업장을 그만두면서 실업급여를 신청하면 일이 커진다. 4대 보험_실업급여는 4대 보험 중 고용보험에 가입해야 혜택을 받을 수 있다을 가입하지 않았기 때문이다. 하지만 산업재해와 마찬가지로 고용보험에 가입하지 않았더라도 '피보험자격 확인청구'라는 것을 통해 실업급여를 받을 수 있다. 그러나 업장은 최대 3년 치의 고용보험료 소급분과 가산세 등을 납부해야 한다_물론 과태료도 있을 수 있다.

마지막으로 4대 보험에 가입하지 않은 업장은 정부에서 지원하는 각종 세액공제나 지원금의 혜택을 받지 못한다. 최근 코로나19로 인하여 많은 업장에서 직원들의 근로시간을 단축하거나 휴업하는 경우가 많다. 이와 동시에 정부에서 지원하는 「고용유지지원금」의 혜택을 받고 싶지만 4대 보험에 가입하지 않아 지원 대상조차 되지 않는 경우가 많았다. 제도권 안에 있어야 혹시 모를 상황에 대비가 가능하다는 것을 사장님은 모두 알고 있어야 한다.

이제 직원채용 시 인건비 처리를 사업소득세_3.3%로 한다는 생각은 버리자! 4대 보험은 의무이며 무조건 가입해야 하는 것을 기억하자!

이것은 선택의 문제가 아니라 당연한 것이다.

"저는 가입하고 싶은데 직원이 완강히 거부합니다. 어쩌죠?"

그래도 가입해야 한다. 직원에게 4대 보험 가입은 선택이 아니라 의무이고, 업장에 큰 피해가 갈 수 있어 법에 따라 의무가입한다고 설명하면 될 것이다. 그래도 거부한다면 그 직원과는 근로계약을 맺지 않는 것이 어떨까? 아르바이트생을 구하는 것이 얼마나 어려운지 안다. 그러나 문제될 수 있는 싹은 애초에 키우지 않는 것이 좋지 않을까?

**02** 4대 보험 가입하지 않아도 되는 대상자

| 구분 | 고용보험 | 산재보험 | 건강보험 | 국민연금 |
|------|----------|----------|----------|----------|
| 제외 대상 | • 만 64세 이후 고용된 직원<br>• 월 소정근로시간 60시간 미만인 직원 | • 제외자 없음 | • 1월 미만 기간 고용된 일용직으로 근로일수가 8일 미만인 직원<br>• 월 소정근로시간 60시간 미만인 직원<br>• 의료급여 수급자 | • 만 60세 이상 직원<br>• 1월 미만 기간 고용된 일용직으로 근로일수가 8일 미만인 직원<br>• 월 소정근로시간 60시간 미만인 직원<br>• 법인 무보수 이사 |

◗ 해당 업장에서 일하는 직원 중 동거 중인 친족은 고용보험과 산재보험이 적용되지 않음. 다만, 업장의 다른 직원들과 동일하게 직원으로 일하고 있다면 고용보험과 산재보험이 적용됨.

◗ 사장님의 4대 보험은 어떻게 가입해야 할까?

사장님의 4대 보험은 해당 업장이 개인사업자인지 법인사업자인지에 따라 4대 보험의 가입요건이 달라진다.

## 03 사장님의 4대 보험

| 구분 | 고용보험 | 산재보험 | 건강보험 | 국민연금 |
|------|----------|----------|----------|----------|
| 개인 사업 | · 가입의무 없음(임의가입 가능) | | · 직원 1명 이상 시 무조건 가입<br>(이때 급여 금액은 직원과 동일하거나 그 이상이어야 함) | |
| 법인 사업 | | | · 직원 수 관계없이 의무가입<br>(다만 무보수 확인서 제출 시 미가입 가능) | |

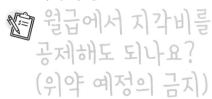

# 지각하면
## 월급에서 지각비를 공제해도 되나요? (위약 예정의 금지)

▶ 위약 예정의 금지

사장님은 직원에게 근로계약의 불이행에 대한 위약금 또는 손해배
상액을 예정하는 계약을 체결할 수 없다. 이는 근로기준법 제20조
의 위약 예정의 금지 조항에 명시되어 있다. 직원이 위약금 또는 손
해배상액의 예정으로 인하여 불리한 근로조건 밑에서 강제로 일하
는 위험을 보호하기 위하여 만들어진 법 조항이다.

민법에서는 계약서 내에 위약금이나 손해배상액을 적는 것을 인
정_P.268 별첨 각주 참고하고 있다. 하지만 근로계약 관계는 실질적으로 대
등한 관계에서 이루어지지 않아 직원의 퇴직의 자유가 부당하게 제
약될 수 있어 근로기준법상에서는 이를 금지하고 있다. 일반적으로

근로계약서에 많이 쓰는 위약 예정 금지 조항은 아래와 같다.

▌근로계약서에 많이 쓰는 위약 예정 금지 조항

① 입사 후 60일 이내 퇴사 시 임금을 지급하지 않거나 80%만 지급한다.

② 지각 3회 시 임금 1일분을 공제하거나 연차 1일을 차감한다.

③ 30분 이상 지각하면 지각비 5만 원을 임금에서 공제한다.

④ 퇴직하기 30일 전 반드시 업장에 알려야 하며 이를 위반하면 마지막 달 임금_혹은 퇴직금을 지급하지 않는다.

⑤ 근로계약기간 3년으로, 계약기간 내에 퇴사하면 퇴직금을 지급하지 않는다.

위와 같은 조항은 모두 위약 예정인 조항으로 이 자체만으로 근로기준법 제20조를 위반하여 500만 원 이하의 벌금형에 처하며 해당 조항은 무효가 된다. 실제 발생한 손해액과 무관하게 일정 금액을 정하여 직원에게 배상하도록 하는 것이 금지된 것이지 직원이 불법행위를 저질렀거나, 직원으로 인하여 업장에 손해가 발생하였을 때 이에 대해 실제 손해배상액을 청구하거나 청구할 수 있도록 적는 것은 가능하다.

이때 직원이 실제 업장에 손해를 끼쳤다는 것을 입증해야 손해배상 청구가 가능하다. 그렇다면 손해를 끼쳤다는 것은 어떻게 증명할까?

▌직원으로 인한 손해 발생 시 청구 가능한 방법

①근로계약서에 근로자 과실로 업장의 물품 파손 시 업장은 직원에게 손해
　배상 청구할 수 있다는 조항을 넣어놓기

②실제 물품 파손 시 파손된 집기명, 파손한 직원명, 해당 직원의 사인 등
　을 받아놓는 명부 만들기

**04** 직원으로 인한 손해배상 청구서의 필수 기재항목

| 항목 | 파손일 | 파손 직원 | 파손 집기명 | 파손 사유 | 확인 |
|------|--------|-----------|-------------|-----------|------|
| 내용 |        |           |             |           |      |

　여기에서 기억해야 할 것! 업장에서 실제 손해가 발생했다 하여도
이를 모두 배상받을 수 있는 것은 아니다.

　다음의 세 가지를 고려하여 배상액을 경감할 수 있다.

①직원의 귀책 사유로서 고의 또는 과실 유무와 정도

②직원의 지위 및 직무내용, 근로조건

③손해 발생에 대한 회사의 지시내용 적절성 여부, 보험 가입에 의한 사고
　예방 및 리스크 분산 유무

　다만, 이러한 조항이 직원이 업장에서 일할 때 경각심을 가질 수 있
는 마중물의 역할을 할 것이다.

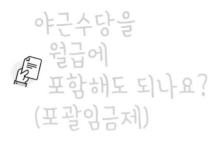

야근수당을
월급에
포함해도 되나요?
(포괄임금제)

Q.업장이 작고 영세합니다. 직원들에게 수당을 챙겨주고 싶지만, 여력이
되지 않습니다. 그래서 직원을 채용할 때 월급 안에 수당이 다 포함되어 있
다고 말해줘요.

　사장님은 직원과 면접을 보고 채용 확정이 되면 근로계약서를 작성
한다. 근로계약서에는 직원과 언급했던 근로조건, 즉 임금, 근로시간,
휴일, 휴가 등에 대한 내용을 쓸 것이다.
　이때 사장님과 직원의 동상이몽이 시작된다. 이런 생각의 차이는
분쟁을 유발한다. 하지만 우리는 평화를 원하지 않는가? 평화를 위한
방법은 없을까 고민해보자.

근로계약 작성 시 사장님과 직원의 동상이몽

| 사장님 마음 | 직원 마음 |
|---|---|
| • 근로계약서에 기본적인 근로시간이 있지만 그보다 더 많은 시간 일해도 계약서에 쓰여 있는 임금만 지급하면 되겠지?<br>• 임금 안에는 야근수당, 휴일수당 등 모든 수당을 다 포함해서 주는 거니까.<br>• 그래서 내가 다른 곳보다 임금을 더 주지. | • 흠. 다른 곳보다 월급이 괜찮네.<br>• 이걸 기본급으로 해서 계약서에 쓰여 있는 시간보다 더 많이 일하면 그만큼 수당을 더 받겠는데? |

방법은 포괄임금제를 도입하는 것이다. 포괄임금제는 현재 노동법에는 존재하지 않는 제도이다. 연장_야근수당, 야간, 휴일근로 등 실제 근로시간과 상관없이 사전에 정한 임금을 매월 똑같이 지급하는 방식을 말한다. 모든 근로시간을 다 포함한다는 의미에서 포괄임금제라 부른다. 예를 들어 1주 40시간에 매주 10시간씩 야근할 것을 예상하여 월급 안에 이에 맞는 야근수당을 미리 지급하는 방식이다.

06 기본월급제와 포괄임금제의 비교

| 기본월급제 | 포괄임금제 |
|---|---|
| 1주 40시간 **+** 야근 10시간 | 1주 40시간 + 야근 10시간 |

작은 사업장에서는 임금 계산의 편의, 직원의 근무의욕 상승 등의 다양한 이유를 들어 포괄임금제를 넓은 범위에서 사용하고 있다. 평

화를 위하여 사용한 포괄임금제가 법에서 정한 연장근로시간의 한도를 넘어가거나 연장, 야간, 휴일근로수당을 지급하지 않아도 된다고 생각하여 최저임금에 미달하는 임금을 지급하는 경우로 인하여 잡음을 만들어내기도 한다.

그럼 포괄임금제를 잘 사용하려면 어떻게 해야 할까?

### 07 포괄임금제 유효조건

| 근로시간 판단 | 근로자의 동의 | 근로자의 불이익 X |
| --- | --- | --- |
| 근로시간을 정확히 계산하기 어려운 경우 | 근로자의 동의를 얻은 경우 | 근로자에게 불이익이 없고 기타 제반 사정 고려하여 합당한 경우 |
| 포괄임금제 대상 | 포괄임금제 대상 | 포괄임금제 대상 |

직원의 근로시간과 근로형태, 업무의 성질을 고려하여,

①업무 성질상 실제 근로시간의 측정이 어렵고, 임금 계산의 편의와 직원의 근무의욕을 고취하려는 뜻에서

②근로자의 동의를 받아야 하고,

③전반적인 사정으로 보아 정당한 경우여야 한다.

기본급
+ 월 고정 연장근무수당

기본급
+ 월 고정 연장근무수당
+ 변동 연장근무수당

그리고 포괄임금제를 설정하였다 하더라도 포괄임금제에 포함된 연장근무수당보다 더 많이 일을 했다면 그만큼의 임금은 더 지급해야 한다는 점을 잊지 말아야 한다.

기본급+1달 20시간의 연장근로수당 포괄

➡ 이번 달 30시간의 연장근로

=10시간의 연장근로수당은 따로 지급해야 한다.

# 직원이 6개월 일한다 해서
## 5개월간은 월급의 80%만 주고
### 6개월째 남은 20%를
### 한 번에 주려고요.

Q. 다들 구직난이라더니 저희 업장만 구인난입니다. 직원을 구해도 석 달을 못 버텨요. 그래서 이번에 새로 채용한 직원은 근로계약서 작성하면서 임금을 높게 불렀습니다. 대신 무조건 6개월 일하는 조건을 붙였어요. 6개월 동안 약속된 임금의 80%만 주고 6개월을 채우면 나머지 20%를 한 번에 주기로 했어요. 이제는 좀 오래 버티겠죠?

사장님은 직원을 채용할 때 어떤 것을 중요하게 생각할까? 업무에 대한 전문성, 경험 등 여러 가지가 있겠지만 그중에서 가장 중요한 것은 아마 성실성과 책임감이 아닐까?[11] 성실함과 책임감은 눈에 보이지 않는데 어떻게 알 수 있을까? 한 곳에서 얼마나 오래 일했는지를

11 디지틀조선일보 2019. 08. 26. [직원 채용 시 중요한 요소 1위 '성실함·책임감'··· 인재요건을 검증하는 방법은?]
  디지틀조선일보 2019. 10. 02. [인사담당자가 꼽은 신입사원 채용 시 가장 중요한 항목은?]

가지고 해당 직원의 성실함과 책임감을 측정한다. 그래서 사장님은 여러 곳에서 짧게 일한 사람보다는 한 곳에서 진득하게 일한 사람을 선호한다. 사장님은 우리 업장에서 최소 6개월 이상 일하기를 원하는데 여러 곳에서 짧게 일했던 사람은 철새처럼 잠시 있다가 갈 가능성이 높다고 생각하기 때문이다.

어떤 업장이나 마찬가지겠지만 톱니바퀴가 맞물리며 운영되는 구조이다. 큰 기업은 톱니 중 하나가 빠져도 어느새 다른 톱니가 빠진 부분을 메꾸며 잠시 '덜컥'거리는 정도이다. 하지만 작은 업장은 그렇지 않다. 한 사람만 빠져도 나머지 직원들이 해야 하는 일은 2~3배가 늘어나고 영업 자체가 어려워지는 일이 생기기도 한다. 그래서 운영 규모가 크지 않은 업장에서는 오래 일할 사람을 원한다. 물론 큰 업장의 복지나 임금의 수준을 맞춰줄 수는 없지만 그만큼 인정해주고, 대체할 수 없는 사람, 조직 내에서 중요한 사람, 업장과 함께 성장하는 성취감을 느끼며 오래 일할 사람을 원하는 것이다.

하지만 직원을 채용하다 보면 다들 월급 10~20만 원, 시급 500원에 결국 다른 곳으로 옮겨 가더라_아, 자본주의 사회! 사정이 이렇다 보니, 사장님은 안전장치를 원한다. 그래서 근로계약서에 아래와 같은 문구를 집어넣는다.

> 6개월 이상 반드시 근무하며, 최초 6개월간 임금은 총 임금의 80%만 지급한다. 재직 후 6개월 후 공제했던 20%의 임금을 한 번에 지급한다.

면접 당시 직원이 6개월 이상 일하겠다 약속했고, 그 기간을 버티면 나머지 6개월의 20%를 한 번에 받으니 손해나는 일은 없지 않은가? 그리고 직원이 스스로 약속하고도 이를 지키지 못한다면 대가를 치르는 것이 인지상정인 것을! 계약서상 6개월을 근무하지 않으면 공제했던 20%의 임금을 받지 못하는 것은 그 대가라 생각해야 함이 마땅하다는 것이 바로 사장님의 생각이다.

하지만 법은 사장님의 마음과는 다르다. 직원에게 임금을 줄 때 적용되는 임금 지급의 4대 원칙[12]이 있다.

### 09 임금 지급의 4대 원칙

| 항목 | 내용 |
| --- | --- |
| 1. 통화불의 원칙 | 임금은 통상적으로 사용하는 화폐(통화)로 지급해야 한다. |
| 2. 전액불의 원칙 | 임금은 근로자에게 전액을 지급하여야 한다. |
| 3. 정기불의 원칙 | 임금은 매월 1회 이상 일정한 날짜를 정하여 지급하여야 한다. |
| 4. 직접불의 원칙 | 임금은 근로자 본인에게 직접 지급하여야 한다. |

「임금 지급의 4대 원칙」에 따라 사장님은 직원에게 약속했던 임금 전액을 지급하여야 한다. 조건을 붙여 임금 중 일정 금액을 나중에 주겠다는 것은 '2. 전액불의 원칙'을 위반하는 것으로 벌칙_3년 이하의 징역 또

---

12 근로기준법 제43조(임금 지급)
　①임금은 통화(通貨)로 직접 근로자에게 그 전액을 지급하여야 한다. 다만, 법령 또는 단체협약에 특별한 규정이 있는 경우에 임금의 일부를 공제하거나 통화 이외의 것으로 지급할 수 있다.
　②임금은 매월 1회 이상 일정한 날짜를 정하여 지급하여야 한다. 다만, 임시로 지급하는 임금, 수당, 그 밖에 이에 준하는 것 또는 대통령령으로 정하는 임금에 대하여는 그러하지 아니하다.

는 3천만 원 이하의 벌금에 처할 수 있다. 또 근로기준법에는 위약 예정을 금지하는 법 조항[13]이 존재한다. 따라서 사장님은 근로계약서 내의 조건부 임금 지급 조항으로 직원을 붙잡아 둘 수 없다.

정말 식상하고 다 아는 이야기이지만, 왜 직원이 업장에서 오래 일하지 않는지 근본적인 원인을 찾아 해결하려는 노력이 필요하다.

---

13 근로기준법 제20조(위약 예정의 금지)
  사용자는 근로계약 불이행의 위약금 또는 손해배상액을 예정하는 계약을 체결하지 못한다.

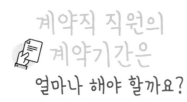

# 계약직 직원의 계약기간은 얼마나 해야 할까요?

Q. 정규직 직원은 부담스러워서 계약직 직원을 채용하려고 합니다. 계약기간은 어느 정도로 하면 될까요? 법으로 정해진 기간이 있나요?

우리나라는 계약직은 한 업장에서 2년까지만 고용할 수 있다.[14] 2년이 넘어가게 되면 그 직원은 계약직 직원이 아닌 정규직 직원이 된다. 이는 계약직 직원을 보호하기 위해 기간제 및 단시간 보호 등에 관한 법률이 제정되어 있기 때문이다. 그렇다면, 계약직 직원을 채용할 때 계약기간을 무조건 2년으로 해야 할까?

그건 아니다. 한 달씩 24개월을 해도 되고, 석 달씩 8번을 해도 되고,

---

14 기간제 및 단시간근로자 보호 등에 관한 법률 제4조(기간제근로자의 사용)

①사용자는 2년을 초과하지 아니하는 범위 안에서(기간제 근로계약의 반복갱신 등의 경우에는 그 계속근로한 총기간이 2년을 초과하지 않는 범위 안에서) 기간제근로자를 사용할 수 있다.

②사용자가 제1항 단서의 사유가 없거나 소멸되었음에도 2년을 초과하여 기간제근로자로 사용하는 경우에는 그 기간제근로자는 기간의 정함이 없는 근로계약을 체결한 근로자로 본다.

여섯 달씩 4번을 해도 된다. 그 기간은 직원과 사장님이 정하기 나름이다. 근로계약 전체를 다 합친 기간이 2년이 넘는 경우 그 직원은 자동으로 정규직이 된다는 것이다.

계약직 직원의 경우 근로계약서의 근로계약 기간이 끝나면 자동으로 근로관계도 끝난다. 하지만 계약기간이 2년이 지난 경우에는 근로계약서상의 근로계약 기간이 넘어간다 해도 해당 직원과의 근로관계를 끊을 수 없다. 그 직원이 사직서를 내고 업장을 그만두거나, 사장님이 직원을 해고해야만 한다. 그러니 정규직 직원이 부담스러워 계약직 직원을 채용할 때는 총 근로계약 기간을 잘 계산하여 정규직으로 자동 전환되지 않도록 주의해야 할 것이다.

# 주방에 사람이 안 뽑히는데

일할 사람을 채용하고
주방에서 일 시켜도 될까요?

Q. 주방에 일할 사람을 두 달째 뽑고 있는데 아직도 구하고 있어요. 홀에 일
할 사람은 지원자가 참 많은데 말입니다. 그래서 홀에 일할 사람을 뽑은 다
음에 주방에서 일하게 하려고요. 어차피 월급은 같으니까요.

구인광고에 "업무장소-홀"이라고 한 다음 채용되면 직원이 주방에
서 일하게 한다 해도 큰 문제가 되지 않을 것 같다. 어차피 홀에서 일
하나 주방에서 일하나 월급이 똑같기 때문이다.

하지만 일하는 직원 입장에서는 그렇지 않다. '나는 홀에서 일하려
고 했는데 주방에서 계속 설거지만 시키네!' 뭔가 속은 느낌이 들 것
이다. 그러다 보면 열심히 일하기가 싫어지고 대충 일하면 사장님하
고 트러블이 생기고 서로 감정이 좋지 않은 상태에서 업장을 그만두

는 사태가 발생할지도 모른다.

대부분 채용공고 속 업무내용을 보고 지원하기 때문에 주방에서 일할 사람이 지원자가 없다고 해서 홀에서 일할 사람으로 유인해 주방에서 일하게 하는 것은 바람직하지 않다. 또 근로계약서 내 「업무내용」에 '홀 서빙'이라고 작성하면 사장님은 그 직원에게 홀 서빙만 시켜야 한다. 주방 업무를 보게 한다면 근로계약서를 다시 작성하여 이에 대한 동의를 받아야 한다.

그럼 어떻게 하면 좋을까? 완전 시크릿인데……. 이 책의 독자분께만 알려드립니다.

---

업무내용 : 우리 업장 업무 전반

---

이렇게 작성한다면 직원의 별도 동의 없이 업장의 여러 업무를 다 맡길 수 있다. 하나 더 팁을 주자면 계약서 아래에 '업무의 상황에 따라 업무내용이 변경될 수 있다.'라고 쓰면 금상첨화!

PART
2

# 찍원이
# 근무하는 동안
# 필요한 노동법!

# 알바생이 달라는데
## 주휴수당이 뭔가요?

Q.작년 12월에 그만둔 아르바이트생이 전화해서 주휴수당을 달라고 합니다. 그래서 우리 업장은 그런 것을 주지 않는다고 했더니 법적으로 줘야 할 의무가 있고 안 주면 노동청에 신고할 거라고 하는데 주휴수당이 대체 뭐길래 줘야 하는 건가요?

    2015년쯤이었나? 아르바이트 구인·구직 사이트에서 최저임금을 지키자는 광고를 한 적이 있다. 유명한 사이트다 보니 파급력이 꽤 컸다. 나의 기억으로 그해 최저임금을 받지 못했다는 상담 전화가 빗발쳤고, 또 최저임금을 지키는 업장도 많이 늘었다. 확실히 대중의 최저임금 준수에 대한 인식이 달라졌다는 것을 느낄 수 있었다. 그리고 같은 사이트에서 이듬해에 배우 강하늘과 수지를 앞세워 주휴수당에 대한 광고를 시작했다. 이후 주휴수당에 대한 관심도가 높아졌고, 최근 취업준비생은 기본적으로 주휴수당에 대한 개념을 가지고 있다.

사장님은 아직 취업준비생을 따라가지 못하는 것 같다. 이해는 한다. 업장의 모든 것을 관리하니 노동법까지 세세히 신경 쓰기 어려울 것이다. 상황이 이러하니 주휴수당을 요구하는 직원에게 주휴수당이 뭐냐고 되묻는 사례가 빈번하다. 주휴수당 지급에 대한 법적 의무가 있음에도 몰라서 주지 않거나, 주지 못해서 노동청에 신고당해 조사받는 많은 사장님을 봤다. 그때마다 사장님들은 내게 하소연한다.

"아니, 나는 주유인가 주휴인가 그 수당이 있는 줄도 몰랐어요. 내가 줘야 하는 것이면 바로 줄 의향이 있어요. 몰라서 못 줬는데 죄가 됩니까? 이렇게 나와서까지 조사할 일이냐고요! 업장 운영도 시간 없어 죽겠는데!"

사장님이 몰랐다고 해서 노동법상 의무가 면제되지 않는다. 사장님이 업장 운영·관리 책임자이므로 그에 대한 의무는 당연하다. 모른 것도 사장님의 책임이다. 그러니 몰라서 못 주고 직원에게 당했다 생각하지 말고 주휴수당이 무엇인지, 어떤 조건에서 발생하는지 꼭 기억하고 해당하는 직원에게 잊지 말고 챙겨주자!

주휴일[15]은 연속적 근로로 인한 피로를 회복하려는 취지로 직원의 심신 보호를 위하여 법으로 만들어진 법정휴일이다. 그렇다면 어떤 경우에 주휴수당이 발생할까?

---

15 근로기준법 제55조(휴일)
　①사용자는 근로자에게 1주에 평균 1회 이상의 유급휴일을 보장하여야 한다.

## 10 주휴수당 발생조건

| 조건 | 내용 |
|---|---|
| 1주일에 15시간 이상 근로한 경우 | • 근로계약서에 작성된 근로시간(사장님과 직원이 일하기로 약속한 시간)이 1주일에 15시간 이상이어야 함 |
| 소정근로일 개근한 경우 | • 소정근로일 : 근로자와 사용자가 1주일 내에 일하기로 약속한 날<br>• 직원이 지각이나 조퇴한 경우도 출근으로 인정 |
| 다음 주에 출근할 것이 예정인 경우 | • 주휴일은 근로자에게 1주간 피로를 풀고 다음 주 근로에 도움이 되도록 부여하는 휴일<br>• 직원이 퇴사한 그 주에는 주휴수당 없음 |

또한 주휴수당은 직원이 1명 이상인 모든 업장에 다 적용되는 규정이다. 따라서 업장에 직원이 2명만 있어도 위의 10 의 조건을 모두 충족한다면 주휴수당이 발생하며, 이를 지급해야 한다.

▶ 주휴수당 계산법

$$주휴수당 = \frac{직원\ 1주\ 소정근로시간}{40시간} \times 8시간 \times 시급$$

▶ 주휴수당, 일일이 계산하기 어려운데 시급에 포함할 수 없나요?

아르바이트생을 많이 사용하는 업장에서는 각각 아르바이트생마다 주휴수당을 계산해서 지급하는 것이 까다로울 것이다. 그래서 아예 시급 안에 주휴수당을 포함하여 지급하고 싶다는 사장님이 있다. 이것이 가능할까? 가능하다.

▶ 2021년 기준

8,720원+(8,720×0.2)=10,464원

이렇게 주휴수당 지급조건에 상관없이 시급 내에 주휴수당을 포함하여 지급하는 것이 가능하다. 다만, 근로계약서 내에 시급 내에 주휴수당이 포함된다는 것을 기재해야 한다. 그렇지 않으면 주휴수당을 포함한 시급이 직원의 기본 시급이 되어 다시 주휴수당을 계산해서 주어야 하는 무서운 일이 벌어질 수 있다.

식비는
얼마나
줘야 하나요?

Q. 저는 신입 사장입니다. 직원들이 잘 적응하고, 오래 근무하도록 잘해주고 싶어요. 복지가 좋으면 오래 근무한다고 들어서 어떤 복지가 좋을까 생각해봤는데 먹는 것이 최고 아닐까요? 식비를 주고 싶은데 얼마나 줘야 하나요? 법적으로 정해진 범위가 있나요?

사장님은 어떻게 하면 직원이 업장에서 오래 일하게 할지 항상 고민한다. 소규모 사업장에서는 높은 임금을 지급하는 것은 현실적으로 어렵기 때문에 임금이 아닌 복지 등으로 '회사 매력도 높이기 대작전'을 실행하려 한다.

"일하는데 밥은 먹여줘야 하는 것 아닙니까?"

식비 지원은 업장 내에서 가장 대표적이며 주목받는 복지이다. 밥

값이 점차 오르면서 한정된 월급 내에서 식비는 엄청난 부담이 되기 때문에 업장에서 식비 지원을 해준다는 것은 별것 아닌 것 같지만 그 혜택을 피부로 느낄 수 있는 것이며, 매우 큰 만족감을 준다. 식비를 지원하지 않는 회사에 실망하여 이직하는 사람도 봤다.

고용노동부에서 발표한 「2019 회계연도 기업체 노동비용 조사」에 따르면, '법정 외 복지비용' 중 33.6%가 식비로 가장 높은 비율을 차지했다. 2008년부터 매년 진행되어온 조사에서 식비는 '법정 외 복지비용' 내에서 꾸준히 30~40%의 점유율을 유지해왔다.

'아, 정말 식비가 업장 내 복지에서 중요한 부분이구나!' 생각하는 순간 뭔가 이상함을 감지한 사장님이 계실 것이다. '법정 외 복지비용?' '법정 외 복지비용이라고?' 그렇다. 식비는 법적으로 업장에서 직원에게 지원할 의무가 없는 것으로 말 그대로 복지이다. 직원의 근속을 늘릴 수 있는 유인책의 역할을 하는 것뿐이다_직원들은 그렇게 생각하지 않는 것 같지만….

"요즘 한 끼에 못해도 8,000~9,000원이고, 한 달에 20~22일 정도 출근을 한다고 가정했을 때 '9,000×22=198,000원' 정도 지원하면 되나요?"

그럼 식비를 어느 정도 지원해야 할까? 식비는 사장님이 지원하고 싶은 만큼 지원하셔도 된다. 다만, 세법상 비과세[16] 가능 한도는 10만 원이다. 따라서 10만 원이든, 19만 원이든, 30만 원이든 세금을 부과하지 않는 비과세 한도는 10만 원밖에 되지 않는다는 사실을 기억하자.

---

16 업장에서 직원의 식비 지원 활성화를 위한 목적으로 정부에서 식비를 비과세 항목으로 설정해준 것이다.

또 하나, 식비는 최저임금 계산 시 포함되지 않았다. 월급 200만 원, 식비 10만 원인 경우 최저임금은 월급을 기준으로만 미달 여부를 계산했다. 그런데 2019년 최저임금법이 개정되면서 정기상여금과 복리후생비의 일부가 최저임금 계산 시 포함되었다_식비는 복리후생비에 포함된다.

**11 최저시급 월 환산액의 비율**

| 연도 | '19년 | '20년 | '21년 | '22년 | '23년 | '24년~ |
|---|---|---|---|---|---|---|
| 매월 지급 상여 | 25% | 20% | 15% | 10% | 5% | 0% |
| 현금성 복리후생 | 7% | 5% | 3% | 2% | 1% | 0% |

예를 들면 2021년 최저임금은 1,822,480원, 이 중 3%는 54,674.4원이다. 업장에서 직원에게 매월 지급하는 식비 중 54,674.4원을 초과하는 금액은 최저임금 계산 시 포함할 수 있다. 식비에 산입되는 최저임금의 비율은 점차 낮아지며 2024년에는 식비 전액이 최저임금 계산 시 포함된다. 직원들에게 복지로서 식비를 지원할 수 있으며, 이때 비과세의 범위, 최저임금 계산 시 포함되는 식비의 비율을 기억해야 한다.

아, 그리고 회사에서 밥을 제공하거나, 법인카드로 밥을 사주는데 임금 내에서 비과세 항목을 늘리기 위해 급여명세서 내에서 급여 항목을 넣는 것은 비과세 항목으로 할 수 없다. 정말 식비 지원을 하는 것만 비과세로 할 수 있다.

업장 직원이
5명이면
무엇이 달라지나요?

Q.우리 회사는 총 5명이 일합니다. 저까지 5명_직원은 4명이요. 일손이 좀 딸려서 1명을 더 채용하려고 하거든요. 그런데 옆의 사장님이 직원이 5명이면 신경 써야 하는 것들이 많아진다고 하는데 달라지는 것이 있나요?

근로기준법은 우리나라에서 영업하는 모든 업장에 적용된다. 다만, 사업장의 규모에 따라서 적용 범위가 달라진다.[17] 그렇다면 사업장의 규모는 어떻게 판단하는 것일까? 매출 규모? 순수익? 사업장 재산? 근로기준법에서 사업장의 규모는 상시근로자 수_직원 수로 판단한다.

---

17 근로기준법 제11조(적용 범위)
　①이 법은 상시 5명 이상의 근로자를 사용하는 모든 사업 또는 사업장에 적용한다. 다만, 동거하는 친족만 사용하는 사업 또는 사업장과 가사(家事) 사용인에 대하여는 적용하지 아니한다.
　②상시 4명 이하의 근로자를 사용하는 사업 또는 사업장에 대하여는 대통령령으로 정하는 바에 따라 이 법의 일부 규정을 적용할 수 있다.
　③이 법을 적용하는 경우에 상시 사용하는 근로자 수를 산정하는 방법은 대통령령으로 정한다.

직원 5인 미만의 사업장의 경우 근로기준법의 전체 규정 중 일부만 적용된다. 왜 직원 5인 미만 사업장에는 근로기준법의 일부 규정만 적용될까? 고용보험 통계표에 따르면 2019년 12월 기준 고용보험에 가입한 사업장 약 236만 개 중 75.2%가 직원 5인 미만 사업장이다. 사실 소규모 사업장의 고용보험의 가입 비율이 현저히 낮은 것을 감안하면 그 비율은 더 높을 것이다. 소규모 사업장은 의무가입인 고용보험조차 가입하기 어려운 영세한 곳이 많다. 더불어 많은 사업장 수와 비교해 사업장을 감독해야 하는 고용노동부의 인원은 한정되어 있어 노동관계법령의 위법을 감독하기에 어려움이 있다. 이러한 소규모 사업장의 어려움과 행정관청의 관리 한계를 고려하여 법으로 소규모 사업장에는 근로기준법의 일부 규정만 적용한다.

하나, 중요한 사실! 회사에서 일하고 있는 사람 모두를 계산하여 판단하는 것이지만 사용자인 사장님은 직원 계산 시 제외된다는 점 잊지 말아야 한다.

▶ 상시근로자란?

사업장 내에서 상시 사용되고 있는 것을 객관적으로 판단할 수 있는 상태의 근로자를 말함. 예를 들어 직원이 아르바이트의 신분으로 고용되어 있다 하더라도 실제 업무를 정규직처럼 하고 있다면 상시근로자 수에 포함된다. 즉, 일용직이든 정규직_상용직이든 고용형태에 관계없이 사업장에서 상시 사용되는 근로자 수를 말하는 것이다.

▶ 동거하는 친족만을 사용하는 사업장과 가사<sub>家事</sub> 사용인에게는 근로기준법이 적용되지 않음.

근로기준법이 적용되는 직원의 적용 기준은 5인 미만, 5인 이상, 10인 이상 등으로 나누어볼 수 있다.

**12 인원수에 따른 근로기준법**

| 구분 | 5인 미만 사업장~ | 5인 이상 사업장~ | 10인 이상 사업장~ |
|---|---|---|---|
| 근로계약 | •근로계약서 작성 및 교부 의무, 위약금·손해배상 예정 금지 | | |
| 임금 | •임금 지급의 4대 원칙, 최저임금 | | |
| 휴게 / 휴일 | •휴게시간, 주휴일(주휴수당) | | |
| 모성보호 | •출산전후휴가, 육아휴직, 배우자 출산휴가 | | |
| 입사/퇴사 | •4대 보험 가입, 퇴직금 | | |
| 해고 | •해고예고수당 | •해고 금지, 해고 사유 등의 서면통지 | |
| 근로시간 | | •근로시간 및 연장근로의 제한 | |
| 가산수당 | | •연장, 야간, 휴일근로 가산수당 | |
| 휴업수당 | | •휴업수당 | |
| 휴가 | | •연차유급휴가, 생리휴가 | |

법의 기준으로 보았을 때 소규모 사업장의 여부는 직원이 5명 미만인지, 이상인지로 나뉘는 것이다. 근로계약서를 작성하고, 최저임금

을 지키고, 휴게, 4대 보험 가입, 퇴직금 등은 기본이며 직원이 5인 이상이 되면 그 외의 회사에서 챙겨야 할 것이 많아진다.

### ▶ 5인 이상 사업장에서 지켜야 할 사항

**1 근로시간의 제한**

소규모 사업장의 경우 일주일에 정해진 제한 근로시간이 없다. 법으로 일주일에 40시간이 정해져 있지만 이를 넘겨 일해도 일한 만큼 시급으로 더 지급하면 된다. 하지만 5인 이상 업장에서는 일주일에 40시간에 연장근로 12시간, 즉 52시간까지만 일할 수 있다.

**2 가산임금**

근로계약서에 약속된 근로시간 외에 더 일한 경우_연장, 야간, 휴일근로로 기존 책정된 시급과 더불어 통상임금의 0.5배를 더 지급해야 한다.

**3 연차유급휴가 발생**

소규모 사업장에서는 연차유급휴가를 줄 의무가 없다. 하지만 직원이 5명 이상인 경우에는 법적으로 적용되어 반드시 직원들에게 연차유급휴가를 제공해야 한다.

**4 해고의 제한**

소규모 사업장의 경우 해고예고만 제대로 지킨다면 직원을 해고하기는 비교적 쉽다. 하지만 직원 수가 5명이 넘어가는 순간 사장님은 직원을 마음대로 해고할 수 없다. 정당한 사유와 절차를 갖춘 상태에서만 해고가 가능하다. '그렇다면 법에 나온 사유와 절차를 지켜서 해고하면 될 거 아닙니까?'라고 생각할 사장님도 있을 것이다. 실무상 해고는 굉장히 어렵다. 그래서 우스갯소리로 '업장을 마음대로 운영하고 싶으면 4명 정예 직원만 고용하라!'는 말이 있을 정도다.

직원 수가 늘어나는 만큼 사장님도 직원 관리에 대해서 더 신경을 써야 한다. 확실히 업장 관리를 꼼꼼히 하는 사장님은 분쟁도 덜하다. 업장의 직원 수가 1명 더 늘어남에 따른 책임은 체감상 10배 더 늘었다는 것을 잊지 마시길……. 그렇다고 무조건 직원 수를 4명에 맞추려고 하다가는 직원들 과부하 걸려서 그만두는 사태가 발생할 수 있다. 과유불급! 업장의 사정에 맞게 인원 관리를 해보자.

### ▶ 상시근로자 수 산정방법

"상시 사용하는 근로자 수"는 해당 사업 또는 사업장에서 법 적용 사유_휴업수당 지급, 근로시간 적용 등 법 또는 이 영의 적용 여부를 판단하여야 하는 사유를 말한다 발생일 전 1개월_사업이 성립한 날부터 1개월 미만인 경우에는 그 사업이 성립한 날 이후의 기간을 말한다. 이하 "산정기간"이라 한다 동안 사용한 근로자의 연인원을 같은 기간 중의 가동 일수로 나누어 산정한다_근로기준법 시행령 제7조의 2.

$$\text{상시근로자 수} = \frac{\text{사유 발생일 전 1개월 내 사용한 근로자의 연인원 수}}{\text{사유 발생일 전 1개월 내의 사업장 가동 일수}}$$

# 최저임금은 어떻게 계산하나요?

Q. 직원이 본인 임금이 최저임금보다 적다고 최저임금에 맞춰달라네요. 저는 많이 준다고 생각했는데 최저임금이 대체 얼마인가요? 어떻게 계산하는지 방법 좀 알려주세요.

최저임금! 매년 사장님의 숨통을 죄어오는 단어가 아닐까? 동결될 것이라 예상했지만 매년 오르는 최저임금! 법으로 정해진 최저기준이 있어 더 줄일 수 없는 인건비!

고용한 직원에게 지급하는 임금이 최저임금에 미달하는지 아닌지를 계산하는 것은 사장님에게 꼭 필요한 능력이다. 그것은 최저임금을 지키지 않으면 3년 이하의 징역 또는 2천만 원 이하의 벌금형에 처하기 때문이다_심지어 적발되는 순간 '즉시 시정' 대상이다.

최저임금은 어떻게 계산할까? 세 가지 단계를 거쳐 계산 가능하다.

▶ 최저임금 계산방법

①당해 연도 최저임금 확인하기_가

　2021년 기준 8,720원_월 기준 1,822,480원이다.

②월 임금에서 「최저임금에 산입되지 않는 임금」을 제외하기_나

앞에서 말했던 것과 같이 2019년 최저임금법이 개정되면서 최저임금을 계산할 때 최저임금에 포함되지 않는 임금과, 포함되는 임금이 나눠지게 되었다.

아래의 임금은 최저임금에 포함되지 않는다.

▶ 최저임금에 포함되지 않는 임금

①근로기준법의 소정근로시간 또는 소정근로일에 대하여 지급하는 임금 외의 임금으로서 고용노동부령으로 정하는 임금

　· 연장근로 또는 휴일근로에 대한 임금 및 연장·야간 및 휴일근로에 대한 가산임금

　· 연차유급휴가의 미사용수당

　· 유급으로 처리되는 휴일에 대한 임금_단, 주휴일은 제외

②상여금, 그 밖에 이에 준하는 것으로 고용노동부령으로 정하는 월 지급액 중 해당 연도 시간급 최저임금액을 기준으로 산정된 해당 연

도 월 환산액 비율에 해당하는 부분[18]

③식비, 숙박비, 교통비 등 근로자의 생활보조 또는 복리후생을 위한
성질의 임금으로 다음 중 어느 하나에 해당하는 것

· 통화 이외의 것_현물으로 지급하는 임금
· 통화로 지급하는 임금의 월 지급액 중 해당 연도 시간급 최저임금
액 기준으로 산정된 해당 연도 월 환산액 비율에 해당하는 부분

▶ 가와 나를 비교하였을 때 '가<나'이면, 최저임금 위반이 아니다.

▶ 컴퓨터로 계산할 수 있는 방법이 없나요?
· 고용노동부에서 지원하는 최저임금 모의계산기를 활용하면 최저
임금 위반 여부를 쉽게 알 수 있다.

---

18 최저시급 월 환산액의 비율

| 연도 | '19년 | '20년 | '21년 | '22년 | '23년 | '24년~ |
|------|------|------|------|------|------|------|
| 매월 지급 상여 | 25% | 20% | 15% | 10% | 5% | 0% |
| 현금성 복리후생 | 7% | 5% | 3% | 2% | 1% | 0% |

# 12월 말에 최저임금으로 계약서를 작성했는데, 해가 지나면 직원의 최저임금은 어떻게 되나요?

Q.직원을 채용하다 보니 12월 20일에 근로계약을 하게 되었습니다. 최저임금을 지급하기로 하고 이번 연도 최저임금으로 계약했는데, 조금 있으면 해가 바뀌는데 이 직원의 최저임금은 근로계약을 한 해로 적용하나요, 아니면 바뀐 해로 적용하나요?

최저임금은 매년 변경된다. 변경되는 최저임금은 바뀌는 해의 1월 1일에 바로 적용된다. 예를 들어 12월 20일에 2020년 최저임금인 8,590원으로 근로계약을 체결했다 하더라도 2021년 1월 1일이 되는 순간 해당 직원의 최저임금은 바로 8,720원인 2021년 최저임금이 적용된다. 근로계약서를 다시 작성하지 않아도 말이다.

이것을 모르는 사장님이 많다. 그래서 최초 계약 시의 최저임금을 적용해 지급하는 경우가 있다. 이렇게 하다 잘못하면 처벌될 수 있으니 해가 바뀌면 그해의 최저임금으로 월급을 계산하도록 하자!

## ▌최저임금 고시의무

최저임금법 제11조에 따라 사장님은 해당 연도의 최저임금을 직원이 쉽게 볼 수 있는 장소에 게시하거나 적당한 방법으로 주지해야 할 의무가 있다_위반 시 과태료 100만 원. 그 안에 포함될 내용은 아래와 같으며 최저임금의 효력 발생일 전날까지 직원에게 주지시켜야 한다.

① 적용을 받는 근로자의 최저임금액

② 법 제6조 4항에 따라 최저임금에 산입하지 아니하는 임금

③ 법 제7조에 따라 해당 사업에서 최저임금의 적용을 제외할 근로자의 범위

④ 최저임금의 효력발생 연월일

사업장마다 고시해야 하는 최저임금 공고문을 〈PART 5〉에 첨부하니 많은 활용 바란다.

# 식사시간 외에 휴게시간은 없어요.

Q. 요즘 직원들은 일의 질을 따져서 업장 운영이 힘이 듭니다. 휴게시간을 달라고 하는데 얼마나 줘야 하는 건가요? 저희 업장은 14시부터 15시까지 밥 먹고 따로 쉬는 시간은 없거든요.

요즘 밸런스 게임이 유행이다. 한번 해볼까?

「일 조금 하면서 돈 조금 벌기 vs 일 많이 하고 돈 많이 벌기」

직원에게 둘 중 하나를 선택하라고 하면 전자의 비율이 훨씬 높다. 돈을 벌기보다는 휴식을 취하는 것을 더 선호하는 것이 추세이다_사장 님이 직원일 때는 후자의 선택 비율이 더 높지 않았을까? 예전에는 점심시간이 있기는 했나? 밥은 마시듯이 후딱 먹고 다시 일하기 모드로 돌입하는 것이 당연했는데 요즘은 다르다. 1분 1초까지 쉬는 시간에 영혼을 모두 털어

쉬어준 후 업무에 들어가는 것이 트렌드이다.

우리 업장은 식사시간은 있지만 따로 휴게시간을 줄 여유가 없다는 사장님, 걱정하지 않으셔도 된다. 밥 먹는 시간이 바로 휴게시간이다.

"대박! 밥 먹는 시간이 휴게시간이라고요?"

휴게시간이라면 차 한잔을 즐기며 힐링하는 시간이라 생각하기 때문에 식사시간을 휴게시간이라 생각하지 못한다.

그럼 휴게시간[19]은 어떻게 주어야 할까?

① 휴게시간의 길이

근로시간이 4시간인 경우 30분 이상, 8시간인 경우에는 1시간 이상의 휴게시간을 줘야 한다.

② 근로시간 도중의 부여

휴게시간은 근로시간 도중에 줘야 한다. 출근시간 전이나 퇴근시간과 겹쳐서 휴게시간을 줄 수 없다.

그럼 언제 주는 것이 맞을까? 근로시간 도중이기만 하면 어느 시간에 휴게시간을 줄지는 사장님 마음이다. 다만 근로계약서에 휴게시간이 특정되어 있으면 그 시간에 휴게시간을 주어야 하고 사장님 마음대로 일방적으로 바꿀 수 없다. 하지만 대부분 휴게시간을 특정하고 그 밑에 '업무의 사정상 휴게시간이 변경될 수 있다.'라는 문장을 넣어둔다. 그러면 변경 가능하다.

---

19 근로기준법 제54조(휴게)
　① 사용자는 근로시간이 4시간인 경우에는 30분 이상, 8시간인 경우에는 1시간 이상의 휴게시간을 근로시간 도중에 주어야 한다.
　② 휴게시간은 근로자가 자유롭게 이용할 수 있다.

**③휴게시간 자유 이용의 원칙**

휴게시간은 직원이 근로 의무에서 벗어나 원하는 대로 사용 가능한 시간이다. 휴게시간에는 꼭 밥을 먹지 않아도 되고, 병원에 가거나 은행 업무를 보거나 PT를 받아도 된다. 그저 휴게시간 내에 업장으로 돌아오기만 하면 된다.

요즘은 코로나19 감염 방지로 인하여 휴게시간에 바깥 외출을 못하게 하는 경우가 있다. 감염병 확산 방지를 위하여 필요한 규제로서 휴게시간에 바깥 외출을 금지하는 것이기에 이는 휴게시간 자유 이용의 원칙을 위반하는 것이 아니다.

휴게시간은 근로 의무가 없는 시간이라 돈을 주지 않아도 되는 시간이다_무노동 무임금 법칙. 그래서 일하는 시간은 긴데 임금을 많이 주기 힘든 업장에서 휴게시간을 임의로 길게 늘려 근로계약서를 작성하는 경우가 있다. 실제 늘린 휴게시간에 직원이 편하게 휴식을 취하거나 그 시간을 자유롭게 사용한다면 상관없지만 쉬고 있는데 손님이 오면 바로 일해야 하는 시간은 '대기시간'이라고 하며 휴게시간이 아닌 근로시간이다. 실제 휴게시간은 손님맞이를 하지 않아도 되는 자유 시간을 확보하고, 쉴 수 있는 공간을 마련하고 배려해야 한다.

휴게시간 때문에 분쟁이 생기는 경우가 많다. '나는 휴게시간을 주었다', '휴게시간에 쉬지 못하고 일했다' 등 이러한 분쟁을 줄이기 위해 업장은 직원에게 실질적인 휴게시간을 제공해야 한다.

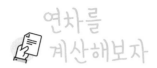

1년 미만 신입직원은 1개월 개근 시 연차유급휴가 1일 발생한다.

▶예시: 1월 1일 입사한 직원의 경우

　　　1월 개근 시→2월 1일에 1일 연차 발생_1일

　　　2월 개근 시→3월 1일에 연차 발생_2일

　　　……

　　　11월 개근 시→12월 1일 연차 발생_11일

이때 발생한 연차는 언제까지 쓸 수 있을까? 연차 발생일과 사용기간의 마지막 날이 모두 다르다. 연차 발생일과 사용기간을 2019년 기준으로 예를 들면 13 과 같다.

연차 사용 가능기간

| 개근한 월 | 연차 발생일 | 사용 가능기간 |
|---|---|---|
| 2019년 1월 | 2019. 2. 1. | 2019.2.1.~2020.1.31. |
| 2019년 2월 | 2019. 3. 1. | 2019.3.1.~2020.2.28. |
| … | … | … |
| 2019년 11월 | 2019. 12. 1. | 2019.12.1.~2020.11.30. |

다만, 근로기준법 개정으로 2020년 3월 31일 이후로 발생한 입사 1년 미만 직원의 연차유급휴가는 각 발생일로부터 입사 1년 이내에 사용해야 한다.

14 2020. 1. 1. 입사한 경우

| 개근한 월 | 연차 발생일 | 사용 가능기간 | 법 적용 |
|---|---|---|---|
| 2020년 1월 | 2020. 2. 1. | 2020.2.1.~2021.1.31. | 개정 전 법 적용 |
| 2020년 3월 | 2020. 4. 1. | 2020.4.1.~2020.12.31. | |
| … | … | … | 개정법 적용 |
| 2020년 11월 | 2020. 12. 1. | 2020.12.1.~2020.12.31. | |

개정법에 따라 1년 미만 직원은 휴가 발생일이 모두 다르지만, 사용 기간 마지막 날은 모두 같다. 1년 이상 직원은 13 에서 설명한 것과 같다.

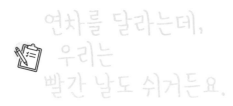
연차를 달라는데,
우리는
빨간 날도 쉬거든요.

Q. 직원이 연차를 달라고 합니다. 저희 업장은 사무실 단지 근처에 있어서 빨간 날은 다 쉬어요. 그런데 별도로 연차를 챙겨줘야 합니까?

1년 이상 일한 직원에게 기본적으로 15일의 유급휴가를 부여하는 제도를 연차유급휴가_p.268 별첨 각주 참고라 한다. 연차유급휴가는 직원 수 5명 이상 업장부터 적용된다_직원 수 5명 미만인 업장에서 복지 차원으로 연차유급휴가를 주는 곳들을 왕왕 보기도 했다.

◗ 연차유급휴가는 2018년 5월 29일부터 개정법이 적용되고 있어 이를 기준으로 설명하겠다.

① 연차유급휴가의 발생

① 계속근로 1년 미만 직원 또는 1년간 출근율이 80% 미만인 직원

　1개월간 개근하면 1일 유급휴가가 생긴다_2017년 5월 30일 이후 입사자 적용.

② 계속근로 1년 이상 직원

　1년간 80% 이상의 출근율을 달성하면 15일 연차유급휴가가 생긴다.

③ 계속근로 3년 이상 직원

　3년 이상 계속 일한 직원은 기본 휴가일수 15일에 최초 1년을 초과하는 계속근로 연수 매 2년에 대해 1일을 더한 유급휴가가 생기며 최대 25일을 한도로 한다.

> **15** 근속연수에 따른 연차 일수

| 근속연수 | 1년 | 2년 | 3년 | 4년 | 5년 | 6년 | 7년 | … | 21년~ |
|---|---|---|---|---|---|---|---|---|---|
| 연차 휴가일 | 15일 | 15일 | 16일 | 16일 | 17일 | 17일 | 18일 | … | 25일 |

② 연차유급휴가의 사용

　연차유급휴가는 직원이 원하는 날 사용하는 것이 원칙이다.

③ 연차유급휴가의 소멸

　연차유급휴가는 1년간 사용하지 않으면 없어지고, 유급휴가이기 때문에 사용하지 않은 휴가에 대해서는 사장님은 직원에서 이를 수당으로 지급해주어야 한다. 다만, 이를 수당으로 지급하지 않고자 하

면 근로기준법 제61조에 따른 연차유급휴가 촉진제도_P.269 별첨 각주 참고를 이용하면 된다.

### 16 1년 미만 직원의 연차유급휴가 촉진 절차

| 연차<br>일수 | <1차 촉진><br>(사용자→근로자)<br>연차미사용일수 고지 및<br>사용시기 지정·통보 요구 | (근로자→사용자)<br>사용시기 지정·통보 | <2차 촉진><br>(사용자→근로자)<br>근로자 사용시기 미통보시<br>사용자가 사용시기<br>지정·통보 |
|---|---|---|---|
| 연차<br>9일 | 10. 1. ~ 10. 10.<br>(3개월 전, 10일간) | 10일 이내 | 11. 30. 까지<br>(1개월 전) |
| 연차<br>2일 | 12. 1. ~ 12. 5.<br>(1개월 전, 5일간) | 10일 이내 | 12. 21. 까지<br>(10일 전) |

출처_고용노동부 '1년 미만 연차휴가 사용촉진 관련 주요 Q&A'

### 17 1년간 80% 이상 출근율 직원의 연차유급휴가 촉진 절차

| <1차 촉진><br>(사용자→근로자)<br>연차미사용일수 고지 및<br>사용시기 지정·통보 요구 | (근로자→사용자)<br>사용시기 지정·통보 | <2차 촉진><br>(사용자→근로자)<br>근로자의 사용시기 미통보시<br>사용자 사용시기 지정·통보 |
|---|---|---|
| 7. 1. ~ 7. 10.<br>(6개월 전, 10일간) | 10일 이내 | 10. 31. 까지<br>(2개월 전) |

출처_고용노동부 '1년 미만 연차휴가 사용촉진 관련 주요 Q&A'

### ④ 연차유급휴가의 대체

드디어 질문에 대한 답변! 연차유급휴가의 해당 질문에 대한 답변을 위하여 사전 설명이 좀 길었다. 그래도 업장 운영에 꼭 필요한 것이니 찬찬히 읽어보길 바란다. 질문의 상황은 직원은 연차유급휴가를 달라고 하는데, 업장에서는 빨간 날을 다 쉬게 해주었으니 연차유급휴가를 줄 필요가 없다는 생각의 차이에서 발생한다.

앞서 언급한 것과 같이 연차유급휴가는 직원이 원하는 날에 가야 한다. 빨간 날은 우리가 흔히 공휴일이라 말하는 날이며, 「관공서의 공휴일에 관한 규정」에 의하여 관공서[20]가 쉬는 날이다. 즉 민간 업장이 쉬는 날이 아니라는 말이다. 달력에 빨갛게 표시되어 있는 달력상 빨간 공휴일은 당연히 쉬는 날로 생각한다. 직원이 법적으로 쉴 수 있는 날, 근로기준법상으로 쉴 수 있는 법정휴일_연차유급휴가를 제외하고은 주휴일과 근로자의 날뿐이다.

빨간 날 쉬고 싶은 직원들의 마음과 사장님은 직원들의 연차유급휴가를 사용하게 하고 싶은 마음_직원들이 안 쓰면 나중에 수당으로 줘야 하니까으로 '연차유급휴가 대체제도'[21]라는 것을 사용할 수 있다.

ⅰ)직원들 사이의 대표를 정하고, ⅱ)직원 대표와 서면 합의를 하여 빨간 날인 공휴일에 연차유급휴가를 사용하는 것으로 하여 쉬는 것으로 할 수 있다.

'연차유급휴가 대체제도'를 사용하면 사장님이 말씀하신 빨간 날

---

20 행정부와 중앙 행정기관인 원·부·처·청 등 그리고 도청·시청·구청·읍사무소·면사무소 등을 관공서라 말한다. 그 밖에 국가나 지방자치단체가 만든 학교, 병원, 도서관, 시민회관, 복지관 등도 관공서에 포함된다.

21 근로기준법 제62조(유급휴가의 대체)
사용자는 근로자대표와의 서면 합의에 따라 제60조에 따른 연차 유급휴가일을 갈음하여 특정한 근로일에 근로자를 휴무시킬 수 있다.

쉬었던 부분을 연차유급휴가로 변경하며 따로 연차유급휴가를 또 챙겨줄 필요가 없다. 다만, 안타까운 소식은 공휴일을 연차유급휴가로 대체하여 쓸 수 있는 날도 얼마 남지 않았다는 것이다. 2018년 5월 근로기준법 개정 시 관공서에 의무적으로 적용되던 「관공서의 공휴일에 관한 규정」을 민간 기업에도 적용하기로 법이 변경되었다. 다만, 민간 기업은 연차유급휴가 외에 또 다른 법정휴일이 생기는 것에 부담을 느낄 수 있는 점을 감안해 정부는 기업의 규모_직원 수별로 이를 단계적으로 적용한다.

**18** 관공서의 공휴일에 관한 규정

| 사업장 규모(직원 수) | 시행 시기 |
| --- | --- |
| 300명 이상 | 2020. 1. 1. |
| 30명 ~ 299명 | 2021. 1. 1. |
| 5명 ~ 29명 | 2022. 1. 1. |

소규모 기업은 2022년에 「관공서의 공휴일에 관한 규정」의 공휴일이 법정휴일이 된다. 이에 따라 공휴일을 연차유급휴가로 대체하여 쓸 수 있는 날은 2021년 12월 31일까지이다. 그래서 업장별로 '연차유급휴가 대체제도'에 대한 입장이 다르다. 어차피 못 쓰게 될 것이니 그냥 없는 제도로 하겠다는 업장이 있고, 사용할 수 있을 때까지 사용하겠다는 업장도 있다. 어떤 것을 선택하든 사장님 마음이다!

# 연차를 가라 해도
돈으로 받으려고
안 가네요.
(연차유급휴가 사용 촉진)

Q."미사용 연차유급휴가 수당을 안 줘도 되는 방법이 있나요?"

"연차유급휴가 가라 해도 직원들이 나중에 돈으로 받으려고 안 갑니다."

사장님의 이런 고민을 해결 가능한 방법이 있다. 근로기준법 제61조 연차유급휴가 사용촉진제도를 활용하는 것이다. 그럼, 연차유급휴가 촉진은 어떻게 할까? 연차유급휴가 촉진은 크게 두 가지로 나누어진다. 입사 후 1년 미만인 직원과 1년 이상인 직원으로 나누어서 따로 촉진해야 한다.

## ▶ 연차유급휴가 촉진 방법

5명 이상 직원을 고용한 업장에는 연차유급휴가 규정이 적용된다.

연차유급휴가라……. 머리가 아플 것이다. 소규모 사업장에서는 연차유급휴가는 안 줘도 된다고 생각했는데 그것이 아님을 알게 되었으니 말이다. 게다가 연차유급휴가를 모두 사용 못 하면 돈으로 주어야 한다니! 정말 청천벽력일 것이다.

## ① 입사 1년 미만인 직원

입사 후 1년 미만의 직원은 근무 기간 동안 개근하게 되면 개근한 다음 달에 1일의 연차유급휴가가 발생한다. 이렇게 계산하면 입사 후 1년 미만의 기간 동안 발생하는 연차유급휴가는 최대 11일이다. 11일 중 먼저 발생한 9일과 그 후 2일의 촉진 시기는 각각 다르다.

### 1) 먼저 발생한 9일_1차 촉진

① 입사일로부터 1년이 되기 3개월 전부터 10일 이내에

② 직원 각 개인별 사용하지 않은 연차일수를 서면_종이으로 알려주고

③ 직원은 사용하지 않은 휴가일수가 적힌 통보를 받은 날로부터 10일 이내에 휴가 사용시기를 정해 회사로 통보하여야 함.

④ 직원이 ③, 즉 휴가 사용시기를 회사로 통보하지 않은 경우

⑤ 회사는 직원에게 입사일로부터 1년이 되기 1개월 전까지 연차유급휴가 사용시기를 정하여 서면_종이으로 각각 통보해주어야 한다.

⑥ 그럼에도 불구하고 연차유급휴가를 사용하지 않으면 연차유급휴가는 소멸된다.

2) 그 후 발생한 2일_2차 촉진

①입사일로부터 1년이 되기 1개월 전부터 5일 이내에

②직원 각 개인별 사용하지 않은 연차일수를 서면_종이으로 알려주고

③직원은 사용하지 않은 휴가일수가 적힌 통보를 받은 날로부터 10일 이내에 휴가 사용시기를 정해 회사로 통보하여야 함.

④직원이 ③, 즉 휴가 사용시기를 회사로 통보하지 않은 경우

⑤회사는 직원에게 입사일로부터 1년이 되기 10일 전까지 연차유급휴가 사용시기를 정하여 서면_종이으로 각각 통보해주어야 한다.

⑥그럼에도 불구하고 연차유급휴가를 사용하지 않으면 연차유급휴가는 소멸된다.

　　좀 더 이해하기 쉽도록 직원의 입사일을 1월 1일로 가정하고, 표로 다시 정리해보자.

19 입사 1년 미만 직원의 연차사용촉진 절차

②입사 1년 이상 직원

입사 후 1년이 지난 직원은 15일의 연차유급휴가가 생긴다.

①입사일로부터 1년이 되기 6개월 전부터 10일 이내에

②직원 각 개인별 사용하지 않은 연차일수를 서면_종이으로 알려주고

③직원은 사용하지 않은 휴가일수가 적힌 통보를 받은 날로부터 10일 이내에 휴가 사용시기를 정해 회사로 통보하여야 함.

④직원이 ③, 즉 휴가 사용시기를 회사로 통보하지 않은 경우

⑤회사는 직원에게 입사일로부터 1년 되기 2개월 전까지 연차유급휴가 사용시기를 정해 서면_종이으로 각각 통보해주어야 한다.

⑥그럼에도 불구하고 연차유급휴가를 사용하지 않으면 연차유급휴가는 소멸된다.

입사 1년이 지난 직원의 연차유급휴가 촉진제도도 표로 다시 정리해보자_위와 같이 1월 1일에 입사했다고 가정.

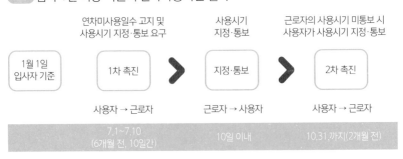

20 입사 1년 이상 직원의 연차사용촉진 절차

연차유급휴가 촉진제도를 사용할 때 기억해야 할 세 가지가 있다.

Ⅰ. 앞에서도 말했듯이 절차를 꼭 빼먹지 말고 지켜야 한다.

위에 설명된 절차를 모두 다 지켜야 한다는 것이다. 그래야만 제대로 된 촉진이라 할 수 있다. 과정 중 하나라도 빠진다면 그것은 촉진을 안 한 것과 마찬가지이다.

Ⅱ. 절차상 모든 과정이 다 서면_종이으로 이루어져야 한다.

절차에서 남은 연차유급휴가 일수를 통지해주는 것, 연차유급휴가 사용일을 지정·통보받는 것은 다 서면_종이으로 이루어져야만 한다. 이것을 지키지 않고 이메일, 카톡, 사내 게시판을 이용하여 연차유급휴가 촉진제도를 실행하는 곳이 있지만, 이것은 서면_종이 통보가 아니기 때문에 촉진한 것으로 인정하지 않는다.

다만, 업장 내에 전자결재 체계가 완벽히 구비되어 전자문서로 결재 등이 이루어지는 경우는 서면_종이 촉진으로 인정될 수 있다.

Ⅲ. 개인별로 통보를 해야 한다.

'직원 개개인에게 어떻게 통보합니까? 귀찮게……'라며 연명부를 만들어 쭉 돌리는 사장님이 있다. 이렇게 하면 촉진하지 않은 것과 마찬가지! 개인별로 명확하게 연차유급휴가일수를 통보해야 한다.

그렇다면 사장님은 직원에게 어떤 양식을 가지고 남은 연차유급휴가일수를 통보하고, 연차유급휴가 사용일을 통보받아야 하는지에 대한 걱정이 또 생길 것이다. 걱정 말자! 〈PART 5〉에 연차유급휴가 촉진 절차에 필요한 양식을 첨부해두었으니 이를 사용하면 된다_**미사용 연차유급휴가일수 통지 및 사용시기 지정요청서, 미사용 연차유급휴가 사용시기 계획 통보서**

사장님이 위의 절차를 잘 지킨 제대로 된 연차유급휴가를 촉진하여 직원에게 불필요한 미사용 연차유급휴가 수당을 지급하는 일이 없기를 바란다.

## 연차유급휴가 대체제도 도입하기

근로기준법 제62조_유급휴가의 대체라는 조항에 따르면 '사용자는 근로자 대표와의 서면 합의에 따라 제60조에 따른 연차유급휴가일을 갈음하여 특정한 근로일에 근로자를 휴무시킬 수 있다.'고 한다.

"음……. 법조문만 읽고서는 이해가 안 돼요."

이것이 앞에서 말했던 "연차유급휴가 대체제도"이다. 대체제도가 정확히 무엇인지, 어떻게 사용하는지 알아야지 사장인 내가 이 제도를 사용할지 말지 결정하지 않을까?

연차유급휴가는 입사 1년 이상인 직원을 기준으로 15일이 발생한다. 업장의 상황상 연차유급휴가를 사용하기 어려울 때 특정한 날에 직원들의 연차유급휴가를 함께 사용하자고 합의할 수 있다. 이것이 "연차유급휴가 대체제도"이다.

### ① 공휴일을 쉬는 업장

공휴일을 쉬는 업장에서는 공휴일도 쉬고, 연차유급휴가도 주면 부담스러울 것이다. 이때 공휴일을 연차유급휴가로 바꾸어 쉬는 것이다. 물론 2022년부터는 상황이 달라진다. 설날, 삼일절, 어린이날 등 공휴일은 1년에 대개 12~13일 정도가 된다. 이러한 공휴일에 쉴 때 직원들의 연차유급휴가를 하나씩 소멸하는 것이다. 그럼 12~13일 정도의 연차유급휴가를 사용하고, 거기에 여름휴가 3~5일 정도 주면 정확히 연차유급휴가를 사용하여 따로 연차유급휴가를 주지 않아도 된다.

다만, 이는 2021년까지만 가능하다는 것을 기억하자.

### ② 업장에서 여름휴가를 동시에 가는 경우

7월 마지막 주, 8월 첫째 주 등 일정 기간을 여름휴가로 지정하는 업장이 있다. 연차유급휴가는 직원이 원하는 날에 사용해야 한다. 하지만 이렇게 동시에 여름휴가를 가는 경우, 해당 기간을 연차유급휴가를 쓰는 것으로 하여 연차유급휴가로 소진할 수 있다. 그렇다면, "연차유급휴가 대체제도"는 업장에 어떻게 도입해야 할까?

**❶ 직원 대표 선정**

직원 과반수를 대표하는 '대표 직원'을 뽑아야 한다. 간혹 '대표 직원'을 뽑지 않고 개별 직원들의 서명으로 "연차유급휴가 대체제도"를 시행하려는 업장이 있는데 고용노동부에서는 이것은 근로자 대

표가 서명한 것이 아니기 때문에 효력이 없다는 입장을 취한다.

②직원 대표와 연차유급휴가 대체 합의서 작성

직원 대표와 연차유급휴가 대체 합의서를 작성하면 된다. 그렇다면 합의서에는 어떤 내용이 담겨 있어야 할까?

a) 연차유급휴가 대체일

어떤 날을 연차유급휴가와 대체할 것인지 정확히 날짜를 하나씩 모두 작성한다.

예) 1월 1일, 삼일절, 광복절, 한글날, 크리스마스, 대체공휴일

b) 시행일

언제부터 "연차유급휴가 대체제도"를 시행할지 그 날짜를 정확히 쓴다. 근로자 대표와 서면 합의한 날일 수도 있고, 별도의 시행일을 정할 수도 있다.

c) 제도의 유효기간

"연차유급휴가 대체제도"의 유효기간을 써야 한다. 1년으로 정하고, 별도의 합의가 없으면 자동 갱신되는 조항이 가장 많다.


"연차유급휴가 대체제도"에 관한 양식을 <PART 5>에 첨부했다. 직원 대표를 선정하는 양식과 합의서 양식이 있으니 이 제도를 도입하고 싶다면 활용해보자.

# 작은 업장인데 출산휴가, 육아휴직을 줘야 하나요?

Q. 뉴스에서 워라밸, 모성보호 같은 단어를 많이 듣습니다. 저희 업장은 아직 직원이 10명도 채 되지 않는데 출산휴가나 육아휴직을 줘야 하나요?

작은 업장이라고 해서 직원이 남성만 있지는 않을 것이다. 많은 업장에서 여성 직원이 출산휴가나 육아휴직을 언급하면, "우리 업장은 그런 것 없는데?"라고 말한다. 법으로 정해진 권리를 사용하지 못하게 하거나, 퇴직을 권고하기도 한다.

사장님! 거의 모든 사업장에 출산휴가, 육아휴직이 적용된다는 것 잊지 말아요! 이를 어기면 과태료나 벌금형에 처할 수 있다. 실제로 이를 어겨 직원에게 고소당한 사장님이 노동청에서 벌금형을 맞고, 회사를 폐업한 사례를 본 적이 있다 소곤소곤.

| 종류 | 내용 | 벌칙 | 사업장 |
|---|---|---|---|
| 생리휴가 | • 월 1일 무급<br>• 원하는 날에 주어야 함 | 500만 원 이하 벌금 | 5인 이상 사업장 |
| 임신직원<br>연장·야간·<br>휴일근로 No! | • 직원의 명시적 청구<br>  +직원 대표와 사전협의<br>  +고용노동부 장관 인가 시 가능 | 2년 이하의 징역 또는<br>2천만 원 이하의 벌금형 | 모든<br>사업장 |
| 난임치료휴가 | • 연간 3일(최초 1일 유급) | 500만 원 이하의<br>과태료 | |
| 임신기<br>근로시간 단축 | • 임신 12주 이내/36주 이후 1일 2시간<br>  근로시간 단축 가능 | 500만 원 이하의<br>과태료 | |
| 태아검진 | • 임산부 정기건강진단 유급보장 | – | |
| 임신 중<br>쉬운 근로 전환 | • 임신기간 동안 어려움 없이 감당할 수<br>  있는 업무 | 2년 이하의 징역 또는<br>2천만 원 이하의 벌금형 | |
| 유사산휴가 | • 최소 5일 ~ 최대 90일 | 2년 이하의 징역 또는<br>2천만 원 이하의 벌금형 | |
| 출산전후휴가 | • 1명 90일(출산 후 45일)<br>• 쌍둥이 이상 120일(출산 후 60일) | 2년 이하의 징역 또는<br>2천만 원 이하의 벌금형 | |
| 육아휴직 | • 만8세 이하 또는 초등학교 2학년 자녀<br>• 재직기간 6개월 이상<br>• 최대 1년, 1회 분할 가능 | 500만 원 이하 벌금 | |
| 육아기<br>근로시간 단축 | • 만 8세 이하 또는 초등학교 2학년 자녀<br>• 재직기간 6개월 이상<br>• 최대 2년<br>• 1주 15~35시간 근로 | 500만 원 이하의<br>과태료 | |

여기서 특히 주의할 점은 출산휴가 기간 및 그 후 30일 동안에는 직원을 해고할 수 없다는 것이다_묻지도 따지지도 않고 부당해고! 작은 업장에서 종종 출산이나 육아를 이유로 좋은 인재를 잃는 경우가 있다. 세계적으로 낮은 출산율인 우리나라가 아닌가! 출산휴가와 육아휴직을 쓰는 직원을 최대한 배려하는 좋은 사장님이 되어보는 것은 어떨까?

매니저의 아내가
다음 주에 출산하는데
매니저에게
휴가 줘야 하나요?

Q.업장의 매니저 와이프가 다음 주에 쌍둥이를 낳는다네요. 출산 후 몸조리
를 도와줘야 한다면서 휴가를 달라고 합니다. 연차유급휴가로 사용하랬더
니 매니저가 이건 연차가 아니고 법으로 주는 휴가가 따로 있다는데 그게
무엇인가요? 어떻게 줘야 하나요?

업장 직원의 배우자가 출산하는 경우 사장님은 해당 직원에게 법적
으로 '배우자 출산휴가'를 줘야 한다. 배우자가 출산 예정이거나 출산
한 날로부터 90일이 지나지 않은 직원에게 10일의 휴가를 주어야 하
며 10일은 모두 유급휴가이다_아... 유급이요.

직원은 해당 휴가를 90일 범위에서 1회 나누어서 사용할 수 있는데,
사장님에게 '배우자 출산휴가 신청서'를 제출하면 된다. 혹시 모를 경

우를 대비해 사장님은 배우자의 출산을 증명하는 서류를 요청하자! 이때 배우자 출산휴가 10일은 휴일을 포함한 10일을 의미하지 않는다. 직원이 업장에 출근해야 하는 의무가 있는 날로 10일을 사용할 수 있다.

**22** 주 5일 근무하는 직원 예시

배우자 출산휴가 10일이 유급이라 부담스러울 것이다. 고용보험에서 직원 배우자 출산휴가 10일 중 5일의 급여를 지원하고 있다. 다만, 아래 조건에 해당해야만 한다.

①직원이 배우자 출산휴가를 신청할 것
②직원 배우자 출산휴가 종료일 이전 고용보험 가입기간 180일 이상일 것
③휴가 시작한 날 이후 1개월부터 휴가 끝나는 날 12개월 이내에 신청할 것

조건에 해당하면 직원은 업장에서 배우자 출산휴가 확인서를 발급

받아 고용센터에 급여를 신청할 수 있다. 그럼 업장에서는 확인서를 어떻게 발급해주는지, 양식은 어디에 있는지 난감할 것이다. 해당 확인서 양식은 〈PART 5〉에 있으니 참고해 사용하자!

육아휴직한 직원이
무슨 급여를 받는다고
서류를 해달라는데
어떤 서류인가요?

Q.작년에 들어온 직원이 육아휴직을 쓰겠대서 흔쾌히 허락했습니다. 그런데 무슨 급여를 신청한다고 제가 써야 하는 서류가 있다는데 그게 뭔가요?

업장의 직원이 출산휴가 혹은 육아휴직을 하면 국가에서 출산전후휴가급여, 육아휴직급여가 나온다. 직원이 이를 지급받기 위해서는 업장에서 확인서를 작성해주어야 한다.

① 출산전후휴가급여

원칙적으로 출산전후휴가는 총 90일이다_쌍둥이 이상이면 120일. 90일 중 60일은 사장님이, 30일은 고용보험에서 급여를 주지만 작은 업장의 경우 직원의 통상임금을 기준으로 고용보험에서 전부 지급한다.

| 구분 | 최초 60일(다태아 75일) | 30일(다태아 45일) |
|------|----------------------|------------------|
| 큰 업장 | 사장님 지급 | 고용보험에서 지급 (상한액 : 200만 원 / 하한액 : 최저임금) |
| 작은 업장 | 직원의 월 통상임금이 200만 원 이상인 경우 차액분은 사업주가 지급 | |

'직원의 월 통상임금이 200만 원 이상이면 차액분은 사업주가 지급'이라는 것이 이해가 어렵다는 사장님을 위해 예를 들겠다. 출산휴가를 간 직원의 월 통상임금이 250만 원인 경우 최초 60일의 경우 200만 원은 고용보험이, 나머지 50만 원은 사장님이 지원해야 한다는 내용이다. 다만, 이후 30일은 고용보험이 200만 원을 상한액으로 하여 지급하고 사장님이 지원해야 할 금액은 없다.

직원이 고용센터에 출산전후휴가급여 신청 시 사장님은 직원에게 「출산전후휴가 확인서」 1부를 작성해주어야 한다. 이에 대한 서식은 〈PART 5〉에 있으니 활용하자!

### ② 육아휴직급여

육아휴직급여를 받기 위해 ①1회 사용하는 육아휴직 기간이 30일 이상이 되어야 하며, ②육아휴직 시작일 이전 고용보험에 가입된 기간이 180일 이상이 되어야 한다.

요건에 충족하면 출산전후휴가급여와 마찬가지로 월 통상임금을 기준으로 육아휴직급여가 지급이 된다_육아휴직급여는 100% 고용보험에서 지급.

**24** 육아휴직급여 기간

| 육아휴직 기간 | 급여 |
|---|---|
| 첫 3개월 | ·월 통상임금의 80%(상한액 150만 원, 하한액 70만 원) |
| 나머지 기간(최대 9개월) | ·월 통상임금의 50%(상한액 120만 원, 하한액 70만 원) |

사장님, 육아휴직 후 복귀한다고 새끼손가락 손에 걸며 약속해놓고 지키지 않아 다른 직원을 구하느라 진땀 뺴신 적 있죠? 이런 직원이 있어 직원의 직장 복귀율을 높이고자 육아휴직급여는 고용보험에서 지급하는 급여의 75%만 지급한다. 나머지 25%는 육아휴직 후 업장으로 복귀하여 6개월 이상 근무한 경우 일시불로 지급한다.

육아휴직급여도 출산전후휴가급여와 마찬가지로 직원이 고용센터에 신청하면 사장님은 직원에게 「육아휴직 확인서」 1부를 작성해주어야 한다. 이에 대한 서식도 〈PART 5〉에 있으니 활용하자!

직원이 일하다
화상을 입었는데,
병원비를 주려니
산재 신청을 한다네요.
## 꼭 해줘야 하나요?

Q. 주방에서 불과 칼을 쓰니 항상 조심하라고 주의를 주는데 얼마 전 들어온 막내 직원이 딴생각을 했는지 펄펄 끓는 기름통을 쏟아서 화상을 입었습니다. 다행히 많이 다치지 않았는데 병원비를 대신 내주려니 갑자기 산재 신청을 한다네요. 그게 뭔가 싶어 덜컥 겁이 나는데 꼭 해줘야 하나요?

일하다 다치거나 병에 걸리는 것을 산업재해라고 한다_줄여서 산재라고 많이 부름. 일하다 다치는 경우가 많다면 많고 적다면 적은데 대개 작은 업장에서는 병원비를 보전해주고, 요양비를 주는 정도로 마무리한다.

예를 들어, 업무 중 다쳐서 4일 이상의 요양이 필요하다면_이때 요양이라는 것은 입원 치료, 재가 치료, 통원 치료가 모두 포함됨 근로복지공단에 산재 신청을 해야 한다. 다만 4일이 아닌 3일 이내의 요양으로 치료 가능하다면 사장님이 이를 보상하면 된다.

그렇다면 산재 신청은 무엇이 좋을까? 직원에게 좀 더 많은 혜택이 있으며, 사장님이 아닌 직원이 근로복지공단에 신청하면 된다.

### 25 산업재해 보상의 종류

| 종류 | 내용 |
| --- | --- |
| 요양급여 | 부상이나 질병의 완치까지 병원비, 간병료 등 기타 부분을 보험 적용받음 |
| 휴업급여 | 업무상 재해로 인하여 일하지 못하는 기간에 대하여 평균임금의 70%를 지급 |
| 간병급여 | 간병인의 도움이 필요한 상황의 경우 지급 |
| 상병보상급여 | 요양 개시 후 2년이 지나도 치유되지 않은 경우 보상금 지급 |
| 유족급여 | 직원이 재해로 사망하는 경우 유족에게 지급 |
| 장의비 | 직원이 사망한 경우 장례를 위해 지급(1일 평균임금 120일분 지급) |
| 장해급여 | 치료가 끝났지만 장해가 남은 경우 |
| 직업재활급여 | 장해급여를 받은 근로자 중 취업을 위해 직업훈련이 필요한 이에게 지원 |

여기서 잠깐! 사장님이 기억해야 할 것이 있다! 업장에서 사고로 직원이 다쳐 3일 이상의 휴업_출근하지 못했을 때이 필요하거나 질병에 걸린 직원이 있으면 그날로부터 1개월 이내에 「산업재해 조사표」라는 것을 고용노동청에 제출해야 한다. 제때 제출하지 않으면 1천만 원의 과태료 처분이 내려질 수도 있다. 「산업재해 조사표」 서식을 〈PART 5〉에 첨부하니 업장에서 산재가 발생한 경우 사용하자!

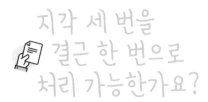

지각 세 번을
결근 한 번으로
처리 가능한가요?

Q. 직원들 들어올 때 무조건 근로계약서 쓰거든요. 근로계약서에 '지각 또는 조퇴 세 번이면 결근 한 번으로 간주한다.'고 쓰여 있는데 효력 있나요?

고용노동부 표준근로계약서에는 법에 반드시 쓰여 있어야 하는 항목만 나열되어 있다. 그래서인지 근로 시에 생길 수 있는 상황에 대한 것은 언급이 없다_예를 들어 '퇴사할 때는 한 달 전에 사직서를 제출해야 한다', '임금은 절대 기밀을 유지하며 이를 위반할 경우 모든 불이익을 감수한다' 등. 다만 문서서식 전문 사이트나 웹서핑을 통하여 다운받는 근로계약서에는 '근로 시 준수 의무'에 대한 사항이 자세히 나열된 경우가 있다.

특히 「지각 또는 조퇴 세 번 시 결근 한 번으로 간주한다」라는 규정을 자주 보게 된다. 이 규정, 과연 효력이 있을까? 노동법의 기본적인 절대 원칙이 있다. 「무노동 무임금」, 일하지 않는 자에게는 임금을 주지 않는다, 일하지 않는 시간에는 임금을 지급하지 않는다는 것이다. 일할 때 직원이 지각 또는 조퇴했다는 것은 근로계약서에 쓰여 있는 근로시간을 지키지 못했다는 것을 의미할 것이다. **출근시간을 지키지 못했든, 퇴근시간을 지키지 못했든지 마찬가지이다.** 이러면 노동법의 절대 원칙에 의하여 일하지 않은 시간만큼 임금을 주지 않으면 된다.

월~금 출근하는 직원이 3일 연속 30분씩 지각을 했을 때 이것을 결근 한 번로 처리하면 어떤 일이 일어날까?

이 직원은 지각한 주에 주휴수당은 받을 수 있다. 앞서 주휴수당에 대한 파트로 돌아가 보면 주휴수당을 받을 수 있는 조건은 ①1주 15시간 이상 근로, ②1주 소정근로일 개근 **지각, 조퇴 포함**, ③다음 주에 일할 것이 예정되어 있어야 한다. 아예 결근을 한 것이 아니고 지각을 한 것이기 때문에 주휴수당은 받을 수 있다. 다만 30분씩 세 번 지각을 했기에 1시간 30분에 대한 시급은 월급에서 깎일 것이다.

그런데 지각 세 번을 결근 한 번으로 처리하면 해당 직원은 해당 주에 주휴수당을 받을 수 없다. 1주 소정근로일을 개근하지 못했기 때문이다. 또한 1일을 결근으로 하면 하루의 급여도 받지 못한다. 즉 2일의 일급을 손해 보는 것이 된다. 즉, 실제 근무하지 않은 시간을 넘어서서 임금을 깎는 것은 직원에게 불합리한 일이 되어 지각 세 번을 결근 한 번으로 처리하는 것은 직원과 합의를 했더라도 효력이 없다. 다만, 직원에게 지각하면 안 된다는 것을 일깨워 줄 수는 있을 것이다.

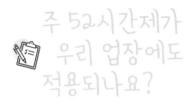

주 52시간제가
우리 업장에도
적용되나요?

Q.주 52시간제라고 뉴스에 엄청 많이 나오는데 우리 업장에도 적용해야 하
　나요?

　업장에서 일하는 직원이 5명 이상이라고 가정하고 설명하겠다. 이
책을 읽고 있는 사장님, 마음으로 대답 부탁드린다.
　"사장님은 일주일에 일할 수 있는 법정근로시간이 몇 시간이라고 생각하
시나요?"
　52시간? 주 52시간제에 대하여 강의할 때 항상 이 질문을 한다. 대
다수의 수강생은 "52시간이요."라고 대답한다. 아마도 2018년 1주
52시간제가 도입되면서 모든 포털과 언론에서 주 52시간제에 대한
이야기가 홍수를 이루었기 때문이 아닐까? 우리 업장에도 이걸 도입

해야 하는지 궁금한 사장님이 많다.

성인 기준 1주 법정근로시간은 40시간[22]이고, 1주에 12시간까지 연장근로[23]를 할 수 있다. '40+12=52', 그래서 1주 52시간제라 부르는 것이다. 사실 법에 원래 '1주 법정근로 40시간, 1주 연장근로 12시간'이라고 명시되어 있었다. 그런데 이걸 왜 다시 근로시간을 줄인다는 명목 아래 반복해서 말하고 있는 걸까?

사장님, 다시 한번 마음으로 대답 부탁드린다.

"1주일이 며칠일까요?"

"무슨 요일부터 무슨 요일까지라고 생각하시나요?"

월요일에서 금요일? 일요일에서 월요일? 월요일에서 일요일?

과거 고용노동부에서 1주일을 월요일~금요일_총 5일이라 정의했다. 1주일_총 5일 중 근무 가능한 시간이 40시간, 연장근로 12시간, 그리고 토요일과 일요일은 휴일근로로 각 8시간씩 일할 수 있다고 보았다.

26 2018년 이전 근무 가능한 법정 근무시간

| 요일 | 월 | 화 | 수 | 목 | 금 | 토 | 일 |
|------|----|----|----|----|----|----|----|
| 근로시간 | 1주 40시간 + 1주 연장근로 12시간 | | | | | 휴일근로 8시간 | 휴일근로 8시간 |

22 근로기준법 제50조(근로시간)
　①1주간의 근로시간은 휴게시간을 제외하고 40시간을 초과할 수 없다.
　②1일의 근로시간은 휴게시간을 제외하고 8시간을 초과할 수 없다.
23 근로기준법 제53조(연장 근로의 제한)
　①당사자 간에 합의하면 1주간에 12시간을 한도로 제50조의 근로시간을 연장할 수 있다.

고용노동부의 해석에 따르면 1주일에 일할 수 있는 총 근로시간은 '40+12+8+8=68시간'이었다. 그래서 실제 직원들이 일하는 시간은 법에 정해진 것과 다르게 길어질 수밖에 없었던 것이다. 이에 정부는 1주일의 개념을 다시 정의했다. 1주일은 7일이며, 월요일부터 일요일이다_1주일의 시작이 일요일인지, 월요일인지로 다투지 마시라. 1주일이 7일이라는 것에 집중하자!

**27** 2018년 이후 근무 가능한 법정근로시간

| 요일 | 월 | 화 | 수 | 목 | 금 | 토 | 일 |
|---|---|---|---|---|---|---|---|
| 근로시간 | 1주 40시간+1주 연장근로 12시간=52시간 | | | | | | |

그래서 이제는 법에 따라, 법문 그대로 1주일에 일할 수 있는 시간이 1주 근로시간 40시간과 1주 연장 가능한 근로시간 12시간이 합쳐져서 총 52시간이 된 것이다. 하지만 예전의 고용노동부 해석에 따라 1주일에 일하는 근로시간을 길게 가지고 있는 사업장이 많다. 긴 근로시간을 가지고 있는 사업장의 혼란을 방지하기 위해서 1주 52시간의 적용 시기를 사업장 규모_직원수에 따라 다르게 하였다.

정부는 ①1주일의 개념을 바꾸고, ②1주 52시간제의 개념을 새롭게 도입하고, 앞에 언급했던 ③「관공서의 공휴일에 관한 규정」을 민간기업에도 적용하기로 했다. 사업장의 상시근로자 수에 따라 이미 주 52시간제를 시행하는 곳도 있고, 또 얼마 안 있어 52시간제를 도입해야 하는 사업장도 있다_상시근로자 수 5인 이상 소규모 사업장은 2021년이면 주 52시간제를

**도입해야 한다.** 급 멘붕 오는 사장님! 정부는 혼란을 줄이기 위하여 사업장에 여러 지원금을 도입하여 도움을 주려고 노력하고 있다. 해당 지원금은 뒤에서 별도로 언급하겠다.

### 28 사업장 인원에 따른 1주 52시간제 적용시기

| 사업장 인원수 | 시행시기 |
|---|---|
| 300인 이상 사업장 | 2018. 7. 1. 시행 |
| 50 ~ 299인 사업장 | 2020. 1. 1. 시행 |
| 5 ~ 49인 사업장 | 2021. 7. 1. 시행 |

연장수당은
어떻게
계산하나요?

Q. 직원들에게 연장근로수당을 줘야 하는데 계산방식이 복잡하더라고요. 가산해서 어떻게 계산한다는데 예를 들어 설명해주실 수 있나요?

업장 직원 수가 5명 이상이면 근로기준법 거의 모든 규정을 지켜야 한다. 직원이 근로계약서의 근로시간보다 일을 더 하면 연장근로수당을 지급해야 한다_직원 수가 5명 미만이면 일한 시간을 계산하여 추가 임금을 지급하면 된다.

연장근로, 야간근로, 휴일근로에 대하여 통상임금의 50% 이상을 가산하여 지급하는 것을 통칭 가산임금_P.270 별첨 각주 참고이라 한다. 사장님이 직원과 작성한 근로계약서상에 정해진 시간 외에 더 일하는 것에 대하여 근로계약서에 쓴 근로시간을 지키고 직원에 대해서는 과중한 일에 대한 정당한 보상을 해주라는 의미라고 한다.

| 항목 | 정의 | 가산율 |
|---|---|---|
| 연장근로 | 법정근로시간 혹은 근로계약서상의 근로시간을 초과하는 근로 | 통상임금의 50% 가산 |
| 야간근로 | 오후 10시부터 다음 날 오전 6시까지의 근로 | 통상임금의 50% 가산 |
| 휴일근로 | 법정휴일(주휴일, 근로자의 날)이나 약정휴일에 하는 근로 | 8시간 이내 통상임금 50% 가산<br>8시간 초과 통상임금 100% 가산 |

우리나라에서는 성인 남성·여성 직원, 연소근로자 등에 따라 연장·야간·휴일근로일 때 조건이 있고, 제한도 있다_네? 그런 것이 있다고요? 사장님은 해당 조건을 제대로 잘 읽어보아야 할 것이다. 직원과 합의하에 근로계약서를 작성하면 된다고 생각하겠지만 법에 있는 조건을 지키지 않으면 사장님은 징역형이나 벌금형에 처해질 수 있다.

기본적으로 성인 남성·여성 직원이 연장근로를 할 때는 업장과 합의가 필요하다. 매번 연장근로를 할 때마다 합의하면 얼마나 귀찮을까? 대법원에서도 연장근로에 대한 합의를 그때그때 할 필요는 없고 근로계약 등으로 미리 약정하는 것도 가능하다고 말한다. 그래서 근로계약서를 쓸 때 연장근로에 대한 합의서를 작성하는 것이 편하다.

| 구분 | | 법정근로시간 | | 연장근로 | 야간근로 | 휴일근로 |
|---|---|---|---|---|---|---|
| | | 1일 | 1주 | | | |
| | 남성 | | | 당사자 합의 ▷ 12시간 | 제한 없음<br>본인 동의 | 본인 동의 |
| 여성 | 일반 | 8시간 | 40시간 | | | |
| | 임부<br>(임신중) | | | 불가 | 명시적 청구<br>+ 고용노동부장관 인가 | |
| | 산후<br>1년 미만 | | | 당사자 합의 ▷1일 2시간<br>1주 6시간, 1년 150시간 | 근로자 동의<br>+ 고용노동부장관 인가 | |
| 18세 미만<br>연소근로자 | | 7시간 | 35시간 | 당사자 합의<br>▷1주 5시간 이내 | | |

## 시간외근로 합의서_남성/여성 따로

성명 / 생년월일 / 부서명 등등

1. 상기 본인은 회사 업무수행에 필요한 경우 연장근로, 야간근로(오후 10시부터 익일 오전 6시까지의 시간에 이루어지는 근로), 휴일근로하는 것에 합의합니다.

2. 본 합의서는 본인의 자유의사에 의하여 작성되었으며, 이와 관련된 문제를 제기하지 않겠습니다.

날    짜

작 성 자

회사이름

연장·야간·휴일근로에 대한 계산은 여러 가지 사례가 있다. 따라서 모든 것을 다 설명하기는 어렵다. 여기에서는 사장님이 알면 좋을 기본 계산식을 작성했다.

① 연장근로 계산 : 시급 10,000원

　1일 8시간 근로(09:00~18:00) / 휴게시간(12:00~13:00) /

　1시간 연장근로(18:00~19:00)

　· 기본근로:8시간×10,000원=80,000원

　· 연장근로:(1시간×10,000원)+(1시간×10,000원×0.5)=15,000원

　· 합계:80,000원+15,000원=95,000원

② 야간근로 계산 : 시급 10,000원

　1일 8시간 근로(14:00~24:00) / 휴게시간(18:30~19:30) /

　2시간 야간근로(22:00~24:00)

　· 기본근로:7시간×10,000원=70,000원

　· 야간근로:(2시간×10,000원)+(2시간×10,000원×0.5)=30,000원

　· 합계:70,000원+30,000원=100,000원

③ 휴일근로 계산 : 시급 10,000원

　① 8시간 이내 휴일근로_주휴일에 일한 경우

　1일 8시간 근로(09:00~18:00) / 휴게시간(12:00~13:00)

· (8시간×10,000원)+(8시간×10,000원×0.5)=120,000원

**②8시간 초과한 휴일근로**_주휴일에 일한 경우

1일 8시간 근로(09:00~18:00) / 휴게시간(12:00~13:00) /

1시간 연장근로(18:00~19:00)

· 8시간 이내 휴일근로:(8시간×10,000원)+(8시간×10,000원×0.5)

=120,000원

· 8시간 초과 휴일근로 :

1시간=기본근로 100%+휴일근로 50%+연장근로 50%

=1시간×10,000원×200%=20,000원

· 합계:120,000원+20,000원=140,000원


**④가산임금의 중복 : 시급 10,000원**

①연장+야간 근로의 중복 : 2배

1일 8시간 근로(14:00~24:00) / 휴게시간(18:30~19:30) /

1시간 연장근로, 1시간 야간근로(22:00~24:00)

· 기본근로:8시간×10,000원=80,000원

· 1시간 연장+2시간 야간

=기본근로 100%+연장근로 50%+야간근로 50%

=1시간×10,000원×200%=20,000원

·합계:80,000원+20,000원=100,000원

② 휴일+야간근로의 중복 : 2배

주휴일 1일 8시간(14:00~24:00) / 휴게시간(18:30~19:30) /

2시간 야간(22:00~24:00)

· 기본근로 : 7시간×10,000원=70,000원

· 휴일근로 : (2시간×10,000원)+(2시간×10,000원×0.5)=30,000원

· 합계 : 70,000원+30,000원=100,000원

· 2시간 휴일+야간=기본근로 100%+휴일근로 50%+야간근로 50%

  =2시간×10,000원×200%=40,000원

· 합계 : 100,000원+40,000원=140,000원


이 외에 다른 여러 상황이 일어날 수 있다.

위의 사례들을 응용하여 계산 가능할 것이라 본다. 사장님은 똑똑

하시니까! 사장님을 믿어요!

지각했는데
연장근로수당을
달라고 합니다.

Q. 업무시간이 10~19시까지_점심시간은 14~15시(1시간)인 업장에서 매니저가 30분 지각했다. 그리고, 당일 19시 30분까지 연장근로를 한다. 매니저는 19시에 퇴근해야 하는데 30분 더 일했으니 30분의 연장근로수당을 요구 한다. 그런데 사장님이 곰곰이 생각해보니 30분 지각한 매니저에게 30분 연장근로수당을 주는 것이 맞는지 궁금해진다.

근로계약서에 정해진 시간보다 더 일하면 연장근로수당을 지급해야 한다. 매니저의 1일 소정근로시간, 즉 사장님과 일하기로 약속한 시간은 몇 시간일까? 총 8시간이다. 지각한 날 매니저가 일한 시간은 총 몇 시간인가? 30분 지각했고, 30분을 더 일했으니 총 8시간이다. 그렇다면 최초 사장님과 일하기로 약속한 시간을 꼭 채운 것이다. 연장근로를 한 것 같지만 실제 연장근로는 없었던 것과 같다.

만약 매니저가 20시까지 일했다면 하루에 일한 총 시간이 8시간 30분이므로 30분에 해당하는 연장근로수당을 지급해야 한다. 즉, 무조건 근로계약서에 쓴 근로시간을 봐선 안 된다. 일하기로 한 총 근로시간이 몇 시간이었는지, 그 시간을 넘었는지 계산해 연장, 야간, 휴일근로수당을 지급하면 된다.

이런 경우에는 사장님! 연장근로수당 안 주셔도 됩니다.

# 손님이 없어 직원이 쉬고 있어요.
이런 상황에서도 월급을 다 줘야 하나요?

Q. 요즘 코로나19로 상황이 상황인지라 손님이 거의 없어요. 직원들이 나와도 정작 일하는 시간은 얼마 되지 않아요. 심지어 업장 내 손님보다 직원들이 더 많은 경우도 있어요. 이렇게 아무것도 하지 않고 쉬고 있는 시간에도 시급을 계산해서 줘야 하나요?

법에서 말하는 근로시간이란 사장님이 직원을 지휘·감독하고 노동의 대가로 돈을 지불해야 하는 시간을 말한다.

사장님, 상상해봅시다! 업장이 한창 바빠야 하는 시간이지만 손님이 없어 직원들이 일하지 않고 앉아서 핸드폰 게임하고, SNS를 하는 것을 보고 있다면? 아주 답답하고, 화나고, 슬프고 등등 여러 가지 감정이 복합적으로 일어날 것이다.

노동법의 아주 기본적인 원칙은 「무노동 무임금, 유노동 유임금」이다. 일한 만큼 돈을 받아 가고, 일하지 않으면 돈을 주지 않는다_휴게시간은 직원이 쉬는 시간이므로 돈을 주지 않아도 되는 시간이다. 그렇다면 손님이 없어서 직원들이 쉬고 있는 시간은 무노동 시간일까, 유노동 시간일까?

마음속으로 '당연히 무노동이죠!'라고 외치는 사장님 99명!

결론부터 말하자면 그 시간은 근로시간이다. 손님이 없어 직원이 개인적으로 시간을 보내지만, 손님이 온다면 바로 언제든지 응대해야 하는 시간이기 때문이다. 이러한 시간을 '대기시간'이라고 부르며 '대기시간'에 대해서는 논란이 많아서 근로기준법 제50조 제3항[24]에 '대기시간'은 근로시간이라고 딱 못 박아 놓았다.

여기서 하나 팁을 알려드리면,

브레이크타임을 실시하여 그 시간에 손님을 전혀 받지 않고, 직원들이 브레이크 타임도 휴게시간과 같이 자유롭게 쓸 수 있다면 그 시간은 휴게시간으로 볼 수 있어 돈을 주지 않아도 된다.

---

24 근로기준법 제50조(근로시간)
　③제1항 및 제2항에 따라 근로시간을 산정하는 경우 작업을 위하여 근로자가 사용자의 지휘·감독 아래에 있는 대기시간 등은 근로시간으로 본다.

# 일을 더 하라고 하지 않았는데 직원 스스로 일하고 연장수당을 요구합니다.

Q. 일한 지 6개월 정도 된 매니저가 아주 싹싹합니다. 시키지 않아도 일을 찾아 하고, 퇴근시간이 지나도 계속 일해요. 기특하다고 생각했는데 어느 날, 퇴근시간 지나고 일했는데 왜 연장수당을 주지 않냐고 물어보네요. 저는 더 일하라고 한 적이 없고 스스로 한 것인데 연장수당을 줘야 하나요?

사장님은 일을 시키지 않았는데 찾아 하는 싹싹한 직원이 드디어 우리 업장에도 들어왔다고 생각하니 참 기분이 좋았을 것이다. 거기에 퇴근시간이 지나도 일을 더 한다니……. 유후~! 그런데 갑자기 연장근로수당을 달라고? 갑자기 뒤통수가 얼얼한 이 기분!

그래, 돈 안 받고 일하는 직원이 없다는 것, 뭐든 세상에 공짜는 없는 법이라는 것을 다시금 알게 되는 기회라 생각하자! 사장님은 열심히 일해달라고 했을 뿐이고, 퇴근시간 넘어서까지 연장근로를 요구한 것이 아니라면 연장근로수당을 지급할 필요가 없다.

　다만, 더 정확히 하기 위해 사장님은 퇴근시간이 되면, "퇴근시간이니 어서 퇴근해요."라고 말하고, 연장근로가 필요한 경우에는 동의하에 연장근로 대장을 만들어 연장근로를 하는 것이 좋다_**나중에 분쟁을 예방하기 위하여.**

### 31 연장근로동의서 작성

| 항목 | 날짜 | 이름 | 연장근로시간 | 동의서명(사장) | 동의서명(직원) |
|------|------|------|--------------|----------------|----------------|
| 내용 |      |      |              |                |                |

　그리고 사장님에게 연장근로를 신청하여 승인받은 것에 대해서만 연장근로수당을 지급한다는 것을 직원에게 알려야만 한다_**긴급한 경우는 제외!** 이 두 가지 경우를 기억한다면 불필요한 분쟁은 없을 것이다.

경조휴가는
어떻게
주나요?

Q. 매니저가 결혼합니다. 결혼휴가는 얼마나 줘야 하나요? 이번에 매니저
   결혼휴가를 정하면서 업장 내 경조휴가 규정을 정하려는데 법에는 어떻게
   정해져 있나요?

　평소 노무 상담 시 경조휴가에 대한 법의 가이드라인이 어떻게 되
는지 이를 궁금해하는 사장님의 요청을 많이 받아왔다. 사장님은 직
원에게 애경사_哀慶事가 생겼을 때 얼마의 휴가를 줘야 하는지, 얼마
의 경조비를 지급해야 하는지 한 번쯤 고민해봤으리라. 연차유급휴
가처럼 경조휴가도 법에 어떻게 주어야 하는지 나와 있을까? 아니다.
경조휴가는 사장님이 직원에게 법적으로 부여해야 하는 휴가가 아니
다. 식대와 같이 복지이다.

실제 한 업장에서 직원의 어머니가 돌아가셨다. 해당 업장은 경조휴가가 마련되어 있지 않았다. 삼일장으로 치러진 장례식으로 직원은 남아 있던 2일의 연차유급휴가와 1일의 무급휴가를 사용했다.

"와! 거기 사장님 진짜 피도 눈물도 없네요. 어머니 돌아가신 건데 휴가 좀 줄 수 있는 것 아닙니까?"

위와 같이 생각하는 사람이 있겠지만 실제 해당 업장은 법적으로는 아무런 문제가 없다. 즉, 경조휴가는 사장님이 도의적으로 부여하는 휴가인 것이다. 따라서 그에 대한 어떠한 기준도 없다. 사장님의 마음 속 기준으로 주고 싶은 만큼 주면 된다. 이렇게 설명해도 다른 업장에서는 경조휴가를 어떻게 주는지 알려달라는 문의가 많아 업장에서 가장 많이 사용하는 경조사 휴가표를 소개하겠다.

**32** 경조사 휴가표

| 구분 | 대상 | 일수 |
|------|------|------|
| 결혼 | 본인 | 5 |
| | 자녀 | 1 |
| 출산 | 배우자 | 10 |
| 사망 | 배우자, 본인 및 배우자의 부모 | 5 |
| | 본인 및 배우자의 조부모·외조부모 | 3 |
| | 자녀와 그 자녀의 배우자 | 3 |
| | 본인 및 배우자의 형제자매 | 1 |

법정의무교육 받으라고
전화, 팩스가
빗발쳐요.

Q. 법정의무교육이란 것이 정말 있나요? 꼭 받아야 한다고 업장에 전화, 팩스, 이메일이 빗발칩니다. 안 받으면 과태료나 벌금을 낼 것처럼 말하는데 답답하네요.

　나는 외근과 강의가 많아 사무실에서 업무를 보는 일이 많지 않다. 얼마 전 정말 오랜만에 사무실에 들렀다. 오래된 우편 등을 정리하면서 수신된 팩스도 확인했다.
　'무슨 팩스가 이렇게 많지?! 이렇게 팩스가 많이 올 일이 있었나?'
　전자팩스도 함께 쓰고 있어서 사무실 팩스는 거의 무용지물이나 다름이 없었는데 말이다. 팩스를 확인하니 5%가 업무에 관한 것, 20%가 대출에 관한 것, 75%가 무료 법정교육에 대한 내용의 팩스였다.

'○○교육개발원', '○○성희롱예방센터', '한국△△성희롱예방센터', '△△교육개발센터' 등 법정의무교육_성희롱 예방교육, 장애인 인식개선교육, 개인정보보호법 교육 등을 무료로 해줄 테니 잠시 시간을 내어달라 적혀 있었다. 하지만 그것이 다가 아니다. 교육 후 노후대책 특강, 재테크 안내 포함, 후원사 안내가 이어진다고 쓰여 있다_심지어 도시락까지 제공하는 곳도 있다.

팩스뿐 아니라 교육을 권하는 전화도 받았다. 성희롱 예방교육 등 법정 예방교육을 받았는지, 받지 않은 것으로 확인되니 받아야 한다고 강요한다. 과태료가 부과된다고 해서 법정의무교육을 이미 수료했다고 답했다. 그러니 받지 않은 것을 다 알고 있고, 받지 않으면 불이익이 있을 것이라며 협박조로 말하는 곳도 있다. 그래서 전화를 주신 분께 여기가 어딘 줄 알고 전화를 주신 것이냐, 여기는 노무법인이라고 답하니, 법인이면 더 들어야 한다는 답변이 돌아왔다_제가 그런 교육 하는 사람인데 말입니다.

이런 비슷한 내용의 팩스, 전화, 메일을 많이 받아보셨을 것이다. 과태료, 벌금, 불이익 등 이런 말에 덜컥 겁이 났던 사장님이 있을 것이다. 혹은 전화가 귀찮아서 교육을 다 수료했다 답하면, 수료하지 않은 것을 어떻게 아는지 받지 않으면 큰일 날 것같이 말한다. 그래서 실제 해당 업체에서 교육을 받은 사장님도 있다. 해당 업체를 통해 교육받은 사장님의 소감을 여쭤보니 질이 떨어진다, 교육보다 재테크나 보험 영업, 건강식품 판매가 주목적이었다는 등의 답변을 들었다.

연락 오는 업체가 모두 거짓말은 아니다. 절반은 맞다. 업장은 법에서 정해진 의무교육을 수료해야만 한다. 하지만 해당 교육을 수료했는지, 하지 않았는지 업체 측에서 알 수 있는 방법은 없다. 업장이 교육 후 교육수료 사실을 업로드하는 곳이 없기 때문이다_공공기관은 제외.

법정의무교육에는 어떤 것이 있으며 어떤 사업장이 어떤 교육을 받아야 하는지 알면 법정의무교육에 대한 팩스, 전화, 이메일 등에 대하여 대처할 수 있다. 업장에서 수료해야 하는 법정의무교육은 총 다섯가지가 있다_직장 내 성희롱 예방교육, 장애인 인식개선교육, 산업안전보건교육, 개인정보보호 교육, 퇴직연금 교육.

**33** 법정의무교육 종류

법정의무교육의 교육 대상과 횟수, 위반 시 벌칙과 참고 사이트는 **34** 와 같다. 이를 잘 기억해 매년 필요한 법정의무교육을 수료하고, 다양한 교육원에서 오는 팩스, 전화, 이메일에 대처하길 바란다.

| 구분 | 교육대상, 횟수 | 위반 시 벌금 및 과태료 | 참고 사이트 |
| --- | --- | --- | --- |
| 직장 내 성희롱 예방교육 (남녀고용평등법 제13조) | • 사업주 및 모든 근로자 • 연 1회 이상(60분 이상) | • 미실시 과태료 (500만 원 이하) | • 고용노동부 인정기관에서 전문강사 교육(고용노동부 사이트) • 10인 미만 사업장은 자체교육 가능(여성가족부, 고용노동부 자료 활용) |
| 장애인 인식개선 교육(장애인고용 촉진 및 직업재활 법 제5조의2) | • 사업주 및 모든 근로자 • 연 1회 이상(60분 이상) | • 미실시 과태료 (300만 원 이하) | • 고용노동부 인정기관에서 전문강사 교육(고용노동부 사이트) • 50인 미만 사업장은 자체교육 가능 |
| 퇴직연금 교육 (근로자퇴직급여 보장법 제32조 제2항) | • 퇴직연금제도(개인형 퇴직연금제도 제외)를 설정한 사업장은 매년 1회 이상 가입자에게 해당 사업의 연금제도 운영사항 등에 관한 사항을 교육할 의무를 부과 • 매년 1회 이상 교육 | • 미실시 과태료 (1천만 원 이하의 과태료 ) | • 서면 또는 전자우편 등을 통한 정기 교육자료 발송 • 직원연수/조회/회의/강의 등 대면교육의 실시 • 정보통신망을 통한 온라인 교육의 실시 • 해당 사업장 등에 상시게시(확정급여형에 해당) |
| 산업안전 보건교육 (산업안전보건법 제20조) | • 5인 이상 사업장 사업주 및 모든 근로자 • 연 4회(분기별 1회) 실시(사무직 · 일반직 매분기 3시간, 사무직 외 매분기 6시간) | • 미실시 과태료 (500만 원 이하, 1인당 3~15만 원) | • 고용노동부 인정기관에서 전문강사 교육(고용노동부 사이트) • 자체교육 가능 • 예외: 업무 형태나 근로자 수에 따라 예외가 있으며, 교육 과정 및 대상 등에 따라 교육 시간도 다르게 적용 |
| 개인정보 보호교육 (개인정보보호법 제28조) | • 고객 또는 직원의 개인정보를 처리하는 모든 개인정보 취급자 • 내부관리계획 설립 또는 연 1회 이상 | • 미실시 과태료 없음 • 개인정보관리 사고 시 최대 5억 원의 과징금, 대표자 징계 | • 개인정보보호 종합포털(내부관리계획 검색) • 자체교육 가능 |

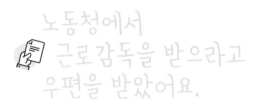

노동청에서
근로감독을 받으라고
우편을 받았어요.

Q.저희는 딱히 노동법 같은 것을 어긴 것이 없는데 노동청에서 근로감독이 란 것을 나온다고 합니다. 이거 왜 나오는 건가요? 꼭 받아야 하나요?

국세청에서는 세무조사가 있고, 노동청에서는 근로감독이 있다.

고용노동부_노동청에서는 업장에서 노동관계법령을 잘 지키는지 감 독하고, 혹시 위반사항이 있다면 위반사항을 시정하도록 하거나 행 정처분 또는 사법처리를 하는데, 이를 근로감독이라 한다. 근로감독 은 35 와 같이 ①정기감독, ②수시감독, ③특별감독[25]으로 나뉜다.

근로감독 중 업장에서 가장 많이 접하는 것은 바로 정기감독이다. 업장이 근로감독의 대상 사업장으로 선정되면, 관할 노동청에서 업 장으로 공문을 보낸다. 공문 안에는 근로감독 대상 사업장이 되었고,

25 근로감독관집무규정 제9조

감독 시 필요한 서류_근로계약서, 임금대장, 근태기록, 근로자명부 등를 준비하라는
내용이 적혀 있다. 해당 공문을 받은 업장의 사장님은 엄청난 걱정을
하며 내게 상담을 요청한다.

**35** 고용노동부 근로감독의 내용

| 항목 | 내용 |
|---|---|
| 정기감독 | 사업장 근로감독 종합(세부) 시행 계획에 따라 실시하는 근로감독 |
| 수시감독 | 사업장 근로감독 종합(세부) 시행 계획이 확정된 이후 정기감독 계획에 반영하지 못한 사항 중 다음 어느 하나에 해당하는 사업장 또는 업종을 대상으로 별도의 계획을 수립하여 실시하는 근로감독<br>①동향, 제보, 언론보도 등을 통하여 노동관계법령 위반 가능성이 있다고 판단되는 사업장<br>②근로감독 청원 등이 접수되어 사업장 감독이 필요하다고 인정되는 사업장<br>③신고사건을 처리하는 과정에서 해당 사업장의 다수의 근로자에 대한 노동관계법령 위반의 가능성이 있다고 판단되는 사업장<br>④위 사항 어느 하나에 해당하거나 그에 준하는 사유가 있는 사업장 또는 업종에 대하여 본부에서 수시감독 계획을 시달한 경우 |
| 특별감독 | 다음 어느 하나에 해당하는 사업장에 대하여 노동관계법령 위반 사실을 수사하기 위해 실시하는 근로감독<br>①노동관계법령, 단체협약, 취업규칙 및 근로계약 등을 위반하는 중대한 행위로 인하여 노사분규가 발생하였거나 발생 우려가 큰 사업장<br>②임금 등 금품을 지급기일 내에 지급하지 아니하여 다수인 관련 민원이 발생하거나 상습체불 등으로 사회적 물의를 일으킨 사업장<br>③불법파견 또는 기간제, 단시간, 파견근로자에 대한 차별적 처우 등으로 사회적 물의를 일으킨 사업장<br>④폭언, 폭행, 직장 내 성희롱, 괴롭힘 등 근로자에 대한 부당한 대우로 사회적 물의를 일으킨 사업장<br>⑤위 사항 어느 하나에 해당하거나 그에 준하는 사유가 있는 사업장 또는 업종에 대하여 본부에서 특별감독 계획을 시달한 경우 |

"저희 업장은 법을 어긴 것이 없고, 직원이 노동청에 신고한 적도 없는데 왜 근로감독을 나옵니까?"

노동청에서 실시하는 정기감독 대상 사업장은 우선 법 위반 가능성이 높은 사업장이_빅 데이터 분석 방식으로 선정된다. 정기감독은 노동분쟁을 예방하기 위함을 목적으로 한다. 따라서 효과적인 근로감독을 위해 최근 3년간 신고사건 및 근로감독 자료 등을 통해 지역, 규모, 업종, 위반사항 등을 분석하여 법 위반 가능성이 높은 사업장을 근로감독 대상으로 선정하며, 심지어 SNS와 언론기사까지 분석한다.

"아니, 그러니까 저희는 법을 어긴 적이 없다니까요!"

노동청에서는 소규모 사업장_사장님의 업장은 기초노동 질서가 취약한 사업장으로 인식하여 법 위반 가능성이 높은 사업장으로 분류한다. 소규모 사업장이라서 대상이 된 것이지 사장님이 뭔가 잘못해서 근로감독의 대상이 된 것은 아니다. 따라서 공문을 받은 경우 '아, 올해 노동부 점검이 한 번 있겠구나.' 맘 편히 생각하면 된다. 감독 후 시정사항이 적발되면 바로 벌칙을 주지 않는다. 시정할 기간을 주고 그럼에도 불구하고 기간 내에 시정되지 않으면 비로소 벌칙이 주어진다.

근로감독은 반드시 지방노동관서의 근로감독관들만 하는 것이 아니다. 지역 내 사업장은 많은데 근로감독관의 수는 정해져 있기 때문에 고용노동부에서는 근로감독관의 근로감독 업무를 위탁하여 맡아줄 사업수행기관을 모집하여 근로감독을 함께 하고 있다. 매년 한국공인노무사회는 해당 사업을 위탁받고 있으며, 이에 따라 노무사가 근로감독을 나갈 때도 있다는 것을 알아두자.

요즘 업장에서 법정의무 무료교육으로 인한 전화, 팩스, 이메일이 많아 노무사가 근로감독을 위해 전화하면 노동청 업무를 왜 노무사가 하는지 영업 냄새가 풍긴다며 스팸이나 보이스피싱처럼 대하는 사장님이 많다. 노동청의 감독으로 연락했다며 공문을 보내줘도 믿지 않는다_노무사들은 노동청으로부터 정식으로 위탁받아서 사업 운영하고 있습니다. 믿어주세요!

또 하나, 해당 근로감독은 거부하지 말자. 정기 근로감독을 거부하는 경우 특별 근로감독으로 사업장이 노동청의 점검을 더 철저히 받기 때문이다. 사실 업장의 입장에서 생각해보면 근로감독이 귀찮고 두렵겠지만 좋은 점이 더 많다고 생각한다. 내가 업장을 운영하면서 노동관계법령에 대하여 몰랐던 점을 알려주고, 어떤 점을 시정해야 하는지를 알려주니 노동법 개인과외나 다름없지 않은가?

그러니 공문을 받았거나, 근로감독에 관한 전화를 받은 사장님은 적극적으로 근로감독에 임하도록 하자.

"노동법을 위반한 사항이 조금이라도 있으면 어떻게 합니까? 바로 벌금, 과태료 나올까 봐 걱정이에요."

걱정하지 말자! 업장 내 노동법 위반사항이 있다 하더라도 바로 벌금이나 과태료가 발생하지 않는다. 시정할 것을 알려주고, 기한 내에 바로잡는다면 별일 없을 것이다_안 그러면 그때 벌금, 과태료가 발생하고 감독관의 특별 감독이 있다는 점도 잊지 말자!

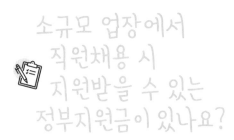

소규모 업장에서
직원채용 시
지원받을 수 있는
정부지원금이 있나요?

Q. 업장에 일손이 딸려 직원을 채용하고 싶습니다. 기존 직원도 힘들어하고
요. 그런데 코로나19로 인해 매출이 좋지 않아 인건비가 부담됩니다. 저희
같은 업장에서 직원채용 시 도움받을 지원금이 없을까요?

 업무량이 늘어나 직원을 채용하고 싶지만, 여력이 되지 않아 채용
이 고민된다. 기존 직원들에게 업무 부담을 주는 것 같아 좋은 인재를
데려오고 싶지만 많은 임금을 줄 수 없는 상황이다. 이러지도 저러지
도 못하는 상황! 이런 상황을 겪고 있는 소규모 업장을 위한 장려금이
있다. 바로 「청년추가고용장려금」!!!
 청년고용 확대를 위하여 청년을 추가로 고용한 업장에 1인당 최대
연 900만 원~1,400만 원_월 최대 750,000원~1,166,660원의 고용장려금을

청년 입사 후 3년 동안 지원하는 제도로 어마어마한 혜택이다.

## ① 지원 대상

직원 수 5명 이상인 곳을 지원한다. 다만, 직원 수가 5인 미만이라 하더라도 특정한 조건_P.270 별첨 각주 참고에 해당하면 지원할 수 있다.

## ② 지원 요건

### ① 청년 신규채용 : 정규직

업장 규모에 따라 36 과 같이 청년을 신규채용해야 하며, 업장 규모별 청년 최저 채용 요건은 당해 연도에 이루어져야 한다.

▶ 예시

2019년 연평균 및 연말 직원 4명인 업장이 2020년 2월 말 기준 직원 수 5명_기업 요건 충족이 되고, 2020년 3월 이후로 청년 정규직 1명을 신규채용_6명하여 기업 직원 수를 증가시킨 경우 추가 채용 1명에 대해 지원 가능

36 기업규모별 청년 최저 고용 요건

| 기업규모 | 청년 신규채용 |
|---|---|
| 30인 미만 | 1명 이상 |
| 30~99인 | 2명 이상 |
| 100인 이상 | 3명 이상 |

②지원 기간 시작 이후 전체 직원 수 유지해야 함

③신규채용 청년 직원은 6개월 이상 고용이 유지되어야 함

④청년 직원 채용 이후 최소고용유지 기간_6개월 종료 후 3개월 이내 장려금 신청해야 함

⑤신규채용 청년 직원은 고용보험·건강보험·산재보험·국민연금 등 4대 보험에 가입해야 함

⑥직원의 임금은 최저임금_2021년 1,822,480원, 1주 40시간 이상이어야 함

⑦채용 후 최초 장려금 지원요건 충족한 날부터 기업당 3년간 지원함

⑧3개월 단위로 신청_지방 관서에서 각 월별 전체 근로자 수 증가 여부 확인 후 지급

③ 지원 금액

업장의 규모별로 지원 금액은 차등 지급된다. 30인 미만 기업은 첫 번째 채용 청년, 30~99인 기업은 두 번째 채용 청년, 100인 이상은 세 번째 채용 청년부터 지원[26]한다.

37 기업규모별 지원 인원

| 인원 | 1명 고용 | 2명 고용 | 3명 고용 | 4명 고용 | 5명 고용 |
|---|---|---|---|---|---|
| 30인 미만 | 900만 원 | 1,800만 원 | 2,700만 원 | 3,600만 원 | 4,500만 원 |
| 30~99인 | X | 900만 원 | 1,800만 원 | 2,700만 원 | 3,600만 원 |
| 100인 이상 | X | X | 900만 원 | 1,800만 원 | 2,700만 원 |

26 30~99인 기업은 첫 번째 채용한 청년은 지원 제외, 100인 이상은 1~2번째 채용한 청년은 지원 제외(지원금 신청서에는 30~99인의 경우 첫 번째 채용 청년, 100인 이상의 경우 1~2번째 채용 청년을 모두 작성해서 제출하여야 함)

◗ 2019년 연평균 기준_예시

❶전체 피보험자 수가 20명인 기업이 청년을 3명 채용한 경우
:3명분 인건비 지원 가능

❷전체 피보험자 수가 50명인 기업이 청년을 3명 채용한 경우
:2명분 인건비 지원 가능

❸전체 피보험자 수가 120명인 기업이 청년을 3명 채용한 경우
:1명분 인건비 지원 가능

38 청년추가고용장려금 지원사업 사업추진 절차[27]

1) 사업공고: 고용노동부(청년고용기획과)

2) 청년 취업자 신규채용: 사업주
청년 신규채용

3) 지원금 신청: 사업주
3~6개월 단위 신청
① 장려금 신청서
② 근로계약서, 임금 지급 증빙 서류 등

4) 장려금 지급 및 지도 점검: 지방고용노동관서(고용센터 기업지원부서)
- 요건 충족 시 접수일로부터 14일 이내 지급
사업기간 중 연 1회 이상 지도점검 실시
- 사업주 자료제출 및 출석요구 불응 시 300만 원 이하의 과태료 부과
(고용보험법 제118조 제1항 제4호)

5) 평가 및 사후관리: 고용노동부(청년고용기획과)

27 2020년 청년추가고용장려금 지원사업 시행지침(2020. 6. 24. 개정 지침)

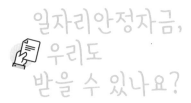

일자리안정자금,
우리도
받을 수 있나요?

Q. 일자리안정자금이 있다고 들었는데 저희 업장도 받을 수 있나요? 조건은
    어떻게 되나요?

　최저임금은 2017년 6,470원, 2018년 7,530원이었다. 항상 6~8%의
인상률을 기록하던 최저임금이 16.4%나 상승하며 소규모 사업장에서
는 경영 부담, 특히 인건비의 부담이 커졌고, 업장에서는 직원의 채용
을 없애고, 이미 채용한 직원도 줄여야 하는지를 고민하게 된다.

　인건비가 부담된 사장님과 직장을 잃을지 모르는 직원의 불안을 해
소하기 위해 정부는 「일자리안정자금」사업을 만든다. 「두루누리 사
회보험료 지원사업」과 같이 사업장에 지원되나, 「일자리안정자금」
은 사장님에게 지원되는 제도로 2021년에 1조 2,900억 원 지원한다.

## 39 연도별 최저임금 결정현황

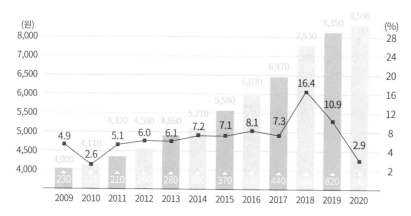

출처_최저임금위원회 홈페이지

## 1 지원 대상

· 직원 수 30인 미만 업장

· 월 임금 219만 원 이하의 고용보험에 가입한 직원_1개월 이상 고용유지

· 최소한 전년도 임금수준 유지

## 2 신청 방법

· 2021년 1월 1일~11월 30일 연도 중 언제든지 신청 가능

· 전자, 서면 신고 가능_전자신고 시 건강보험공단, 국민연금공단, 근로복지공단에서 가능

· 오프라인 신청기관이 근로복지공단으로 일원화됨

③ 지급

- 월 1회 지급_매월 15일
- 직원 수 5인 미만 업장 직원 1명당 월 최대 11만 원

  5인 이상~30인 미만 사업장 직원 1명당 월 최대 9만 원

  (단시간·일용직 직원은 근로시간·근로일수 비례 지원)

④ 부정수급 조사 등 사후관리 강화

- 근로복지공단 내 부정수급 전담반 운영 및 지방노동관서와 합동 점검으로 부정수급 조사 실효성 확보
- 누구나 일자리안정자금 부정수급 사실을 근로복지공단으로 신고 가능
- 신고포상금액은 반환을 명령한 금액의 30%_상한액과 1명당 연간 지급 한도 는 각각 100만 원

「일자리안정자금」 부정수급은 금지되어 있으며 부정수급의 사례 는 아래와 같다.

· 사장님의 가족을 직원으로 등록하여 지원금을 수령한 경우

· 고용하지 않은 자 또는 고용하지 않은 기간에 거짓 신고로 지원금을 수령 한 경우

· 증빙서류 등을 거짓으로 작성·제출하여 지원금을 수령한 경우

· 국가 등으로부터 인건비 재정지원을 받고 지원금을 수령한 경우

· 노·사가 담합하여 인위적으로 지원요건 충족하여 지원금을 수령한 경우
· 그 밖에 위에 준하는 방법으로 거짓 기타 부정한 방법으로 지원금을 수령한 경우

부정수급을 한 것이 밝혀지면 해당 사장님에게 지원된 지원금 전액 환수하며, 지원 금액 5배의 '제재부가금'이 부과되며 더불어 형사적 조치가 병행될 수 있다. 정부의 지원금은 달콤하다. 하지만 이를 거짓으로 꾸민다면 그에 따른 처벌이 너무 크다. 업장의 사정에 맞게 지원금을 신청하자!

### 40 일자리안정자금

출처_고용노동부 홈페이지

## 4대 보험료를 정부로부터 지원받을 수 있는 정책이 있나요? 〈두루누리 사회보험〉

Q. 작년부터 직원들 4대 보험 가입을 했습니다. 은근히 보험료가 부담되는 데 정부로부터 지원받을 수 있는 정책이 없나요?

직원 1명 이상을 채용하는 업장에서는 의무적으로 4대 보험_고용보험, **산재보험, 건강보험, 연금보험**에 가입해야 한다. 그런데 소규모 업장에서는 사장님과 직원이 각각 납부해야 하는 보험료가 부담스러워 가입을 피하는 경우가 많다. 정부는 이러한 상황을 보완하기 위해 「두루누리 사회보험료 지원사업」을 마련했다.

① 지원 대상

직원 수가 10명 미만인 업장에 고용된 직원 중 월 임금 220만 원 미만인 직원과 그 업장에 고용보험과 국민연금 부담금을 최대 90%까지 각각 지원해주는 것[28]이다.

## ② 지원 기준

| 항목 | 내용 |
|------|------|
| 신규가입자 | • 5명 미만 사업 90% 지원 / 5명 이상 10명 미만 사업 80% 지원<br>(사업주와 근로자가 각각 부담하는 보험료의 일부에 대해 지원)<br>*2018.1.1. 이후 취득자로서 지원신청일 직전 1년간 가입이력이 없는 자 |

## ③ 지원 금액 : 신규가입자의 경우

### ① 사업주 지원금

· 근로자 수 5명 미만인 사업에 고용된 근로자의 보수가 월평균 200만 원이면 매월 99,900원을 지원받을 수 있다_90% 지원.

· 근로자 수 5명 이상 10명 미만인 사업에 고용된 근로자 보수가 월평균 200만 원이면 매월 88,800원을 지원받을 수 있다_80% 지원.

### ② 근로자 지원금

· 근로자 수 5명 미만인 사업에 고용된 근로자의 보수가 월평균 200만 원이라면 매월 95,400원을 지원받을 수 있다_90% 지원.

· 근로자 수 5명 이상 10명 미만인 사업에 고용된 근로자의 월평균 보수가 200만 원이면 매월 84,800원을 지원받을 수 있다_80% 지원.

---

28 2018년 1월 1일부터 신규가입자 및 기가입자 지원을 합산하여 36개월까지만 지원. 기가입자의 경우 2020년 12월 31일까지만 지원(2021년부터 지원 중단).

# ▶ 지원금 산정 예시

신규가입자의 **사업주 지원액** 예시
<월평균보수 200만 원 기준>

근로자수 5명 미만인 사업 : **월 99,900원**(90%) 지원

사업주 부담액
월 2,100원

사업주 부담액
월 9,000원

고용보험

사업주 지원액
월 18,900원

사업주 지원액
월 81,000원

200만 원x1.05%(요율)X90%   200만 원x4.5%(요율)X90%

근로자수 5명 이상 10명 미만인 사업 : **월 88,800원**(80%) 지원

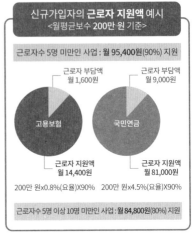

신규가입자의 **근로자 지원액** 예시
<월평균보수 200만 원 기준>

근로자수 5명 미만인 사업 : **월 95,400원**(90%) 지원

근로자 부담액
월 1,600원

근로자 부담액
월 9,000원

고용보험

국민연금

근로자 지원액
월 14,400원

근로자 지원액
월 81,000원

200만 원x0.8%(요율)X90%   200만 원x4.5%(요율)X90%

근로자수 5명 이상 10명 미만인 사업 : **월 84,800원**(80%) 지원

## ④ 신청 방법

「두루누리 사회보험료 지원사업」은 전자신고와 서면신고 두 가지 방법이 있다.

직원을 고용한 사업장에서 4대 보험 가입은 필수이다. 4대 보험료가 부담스럽겠지만 이를 가입하지 않았을 때 오는 불이익을 생각하면 정부에서 지원하는 정책을 최대한 활용해보는 것이 어떨까?

PART
3

# 직원 퇴사할 때 필요한 노동법

직원의
수습기간이 끝났는데
저희랑 안 맞아서
내보내고 싶어요.

Q. 새로 채용한 직원을 혹시 몰라 수습기간을 두었습니다. 그런데 수습기간 동안 살펴보니 저희 업장이랑 잘 맞지 않는 것 같아요. 수습기간이 다 지나 가도록 일이 손에 익지 않고 기존 직원들이랑 잘 지내지도 못해서 그냥 내 보내고 싶은데 어떻게 해야 하나요?

수습기간을 설정했고, 그 기간이 끝났으니 계약기간이 만료된 것으로 생각하고 직원을 내보내도 된다는 사장님이 있다. 하지만 이것은 분명 해고에 해당한다. 수습기간을 설정했더라도 그 직원은 업장에 채용된 것이기 때문에 해고하려면 정당한 사유가 있어야 한다. 다만 업무능력, 자질, 품성, 업무 적격성 등을 판단하는 기간이니 수습기간 을 끝낸 직원보다는 해고 사유의 범위가 좀 더 넓게 인정된다.

수습기간이 끝난 직원과 근로관계를 제대로 종료하기 위해서는 수습기간 동안 업장에서 ①해당 직원의 평가를 객관적이며, 수치화된 기준으로 해야 하고, ②평가가 있다는 사실을 사전에 알려줘야 하고, ③평가가 매월 이루어지고 그에 대한 피드백을 해야 한다.

그럼 평가만 하면 될까? 아니다! 해고예고 절차를 준수해야 한다. 즉 수습기간이 3개월 이상이면 해고하기 전 30일 전에 서면_종이으로 직원에게 해고예고를 하거나 30일분의 통상임금을 지급해야 한다.

"수습기간이 끝났는데 해고예고_혹은 해고예고수당까지 해야 한다니요?"
사장님을 위한 팁!

업장에서 계속근로한 기간이 3개월 미만이면 해고예고를 하지 않아도 된다. 그러니 3개월간 평가를 2주 단위로 하거나, 한 달 단위로 했다면 마지막 달은 하루라도 일찍 평가 및 피드백하고 바로 해고예고 통지서를 직원에서 날리면 해고예고 없이 직원과 근로관계 종료가 가능하다.

❱〈PART 5〉의 수습직원 평가표를 사업장에 맞게 변경해 사용하세요.

# 직원이 갑자기 연락 두절되었어요.
## 안 나오는데 어쩌죠?

Q. 출근한 지 일주일 된 직원이 다음 주에 보자고 웃으며 퇴근했는데 이번 주에 출근을 안 하네요. 전화도 안 받고 카톡, 문자 다 연락이 안 됩니다. 이런 경우에는 어떻게 해야 하나요?

이럴 때 사장님은 정말 난감하다. 전화해도 안 받고, 카톡에 1은 안 없어지고, 문자는 안 받고……. 또 나중에 전화하면 차단한 것같이 3초 정도 신호가 가다가 끊어지고……. 갑자기 연락이 두절되니 처음에는 걱정이 앞서다가 이렇게 그만두는 것인가, 그러면 최소한 문자라도 '그만두겠다' 말을 해야지 싶은 생각에 화가 치밀고……. 나중에는 이 직원을 어떻게 처리하나 고민에 빠진다. 사실 이런 직원이 생각보다 많다. 점심시간에 밥 먹으러 나가서 연락 두절되는 경우도 봤다.

무단결근한 경우 '이대로 안 나오는구나.'라고 사장님 맘대로 생각하고 그냥 직원의 4대 보험을 상실하면 안 된다_과거에 이런 식으로 했다가 부당해고로 신고당한 사업장도 봤다.

그렇다면, 무단결근, 연락 두절된 직원을 사장님은 어떻게 해야 할까? 우선 계속 전화하고, 카톡 보내고, 문자 보내며 기록을 캡처해 저장해둔다. 더 정확히 하고 싶다면 입사 당시에 받았던 주민등록등본상의 주소지로 내용증명을 보내는 것도 좋다. 내용증명은 육하원칙에 따라 작성하면 된다. '누가, 언제, 어디서, 무엇을, 어떻게, 왜'에 따라서 '무단결근했고 연락이 두절되었으며, 다음 주 월요일까지 출근하지 않으면 계속 일할 의사가 없는 것으로 알고 근로관계를 종료하겠다.'라는 내용을 포함해서 작성한다.

이렇게 했음에도 불구하고 계속 연락 두절이라면 사장님과 직원의 인연은 여기까지라 생각하면 된다. 여기서 중요한 포인트는 사장님이 무단결근, 연락 두절된 직원에게 계속 출근을 독촉했다는 증거를 남기는 것이라는 것을 잊지 말자!

직원이 그만두겠대서
직원 구할 때까지만
일하라니까
그냥 나가겠답니다.

Q. 오래 일하던 직원이 갑자기 사직서를 냈습니다. 직원을 구하려는데 잘
   구해지지 않아서 다음 직원 구할 때까지 좀 봐달라고 했지만 그냥 나가겠
   다네요. 이런 경우 어떻게 하나요?

　오래 일한 직원, 믿고 업장을 맡길 수 있는 직원이 갑자기 업장을 떠
난다는 소식은 정말 청천벽력이다. '왜? 갑자기? 내가 못 해준 것이
있나?' 사장님은 이런저런 생각을 한다. 어찌 되었든 오른팔과 같던
직원의 후임자를 구해야 한다.
　그러나 직원이 그만두겠다고 하는 날짜에 맞춰 후임자를 구하지 못
했다. 그래서 사장님은 조금만 더, 조금만 더 부탁하지만 매정한 직원
은 그만둔다고 한다. 이러면 남은 직원들이 업무부담이 커지고, 사장

님도 힘들 것이다. 생각다 못한 사장님은 직원에게 폭탄선언한다.

"아직 너직원의 사직서를 수리하지 않았으니까 우리 직원이라고!"

이렇게라도 그 직원을 잡아두고 싶은 마음, 후임자를 찾기 위한 시간을 벌고 싶은 사장님의 마음을 이해한다.

그렇다면, 사장님이 직원의 사직서를 받아들이지 않으면 이 근로관계는 영원히 끝낼 수 없는 것일까? 아니다. 그렇지 않다. 직원이 사직서를 냈을 때 사장님이 받아들이지 않아도 민법의 규정에 따라 계약의 해지 통고를 받은 날로부터 1개월_기간으로 임금이 정해진 경우 1 임금지급기이 지나면 근로계약은 자동으로 끝난다.

예를 들어 매월 1일부터 말일까지 일한 임금을 다음 달 5일에 지급하는 사업장에서 10월 14일에 직원이 사직서를 냈다면 1 임금지급기_11월 5일가 지난 12월 1일에 근로계약이 해지되는 것이다.

"어찌 되었든 직원이 사직서를 내면 사장이 거부해도 근로관계가 끝난다는 말이죠?"

맞다. 그런데 더 생각해야 할 것이 바로 퇴직금이다! 언제 근로관계가 종료되는지 알아야 퇴직금 발생일 계산이 가능하기 때문이다.

대부분의 근로계약서에는 한 달 전에 사직 의사를 표시하라고 되어 있으니 직원이 이를 지키기만 해도 좋겠다고 하지만 이는 복불복이다. 그러니 사장님은 갑작스러운 사직통보에 당황스럽겠지만 웬만하면 사직서에 적힌 날, 혹은 직원이 그만두겠다고 한 날을 수용하는 것이 분쟁을 일으키지 않는 최선의 방법이다.

# 한 달 못 채우고 나갔는데 월급을 어떻게 계산하나요?

Q. 면접 때 정말 열심히 일하겠다고 열정적으로 말하던 친구가 있어서 직원으로 뽑았는데 한 달도 못 채우고 그만뒀습니다. 그 친구가 한 달도 못 채운 것이 실망스럽지만 일한 임금은 줘야겠죠? 어떻게 계산해줘야 할까요?

직원 면접 당시 오래 일할지 물으면 거의 모든 피면접자는 오래 일한다고 말하며, 꼭 뽑아달라고 간절함을 어필한다. 오래 일하겠다고 말한 간절함과 열정이 온돌같이 지속되면 얼마나 좋을까? 직원이 일한 지 한 달이 채 되지 않아 여러 이유를 대며 그만두겠다고 하면 면접 때 말한 열정은 불꽃놀이처럼 한순간에 사라져버린다.

직원에게 임금을 시급으로 계산하여 지급하기로 했다면 일한 만큼을 시급으로 계산하면 된다. 그렇다면 월급을 주는 경우에는 어떻게 해야 할까? 이 경우 법에 특별한 규정은 없고, 많은 사업장에서는 일할[29] 계산하고 있다.

중간에 퇴사한 너직원의 근로조건이 아래와 같다고 가정하자.

**41** 중도퇴사자 너직원의 근로조건

| 항목 | 내용 |
|------|------|
| 월 임금 | 200만 원 |
| 소정근로시간 | 1일 8시간 |
| 근로일 / 주휴일 | 월~금 (주 5일) / 일요일 |
| 재직일 | 2020. 10. 12. ~ 10. 23.<br>(주휴 포함 11일 근로) |

**1** 월 임금÷해당 월 일수×근로일수

2,000,000÷31일×11일=약 709,677원

위의 계산법은 일할 계산법 중 가장 일반적인 것으로 퇴사한 한 달을 쪼갠 후 직원이 일한 날짜를 곱하여 계산하는 것이다.

**2** 월 임금÷209시간×실 근로시간_월 임금 ÷ 209시간 × 8시간 × 근로일수

2,000,000÷209시간×8시간×11일=약 842,105원

위 계산법은 퇴사한 직원의 실제 일한 시간을 베이스로 하여 계산하는 방식이다.

---

29 날짜를 여럿으로 갈라서 배정함.

①과 ②의 방식 모두 월급을 일할 계산한 것인데 금액에서 차이가 난다. 그럼 어떤 방법을 사용해야 할까?

정답은 없다. 회사에서 정한 방식이 정답이다.

①의 방식이 ②의 방식보다 금액이 적게 나오지만 현재 법에서는 중도퇴사자의 임금 계산에 대한 방식을 명시해놓은 규정이 없기 때문에 ①로 해도 문제 되지 않는다. 다만, 최저임금에 미달하지 않도록 계산해야 한다는 것만 주의하면 된다!

---

▶ 209시간 계산법은?

① 1년 내의 1주일은 몇 주?

　365일_1년÷7일_1주=52.14주

② 월 평균 몇 주?

　52.14주÷12월=4.345주

③ 1주일 총 유급 근로시간

　40시간_1주 법정근로시간+8시간_1주 40시간 기준 유급주휴일=48시간

④ 1달 총 근로시간?

　1주 유급 근로시간×1달_4.345 주=48시간×4.345주=208.56시간

∴ (반올림하여) 209시간

## 퇴직금 안 줘도 되나요?
## 퇴직금 어떻게
## 계산하나요?

Q. 업장 사정이 너무 안 좋습니다. 나가는 직원에게 임금을 챙겨주기도 힘
든데 퇴직금을 꼭 줘야 하나요? 안 주면 안 되겠죠? 하~ 퇴직금 계산방법
좀 알려주세요.

사장님, 퇴직금은 언제 직원에게 줘야 할까요? 직원이 사장님 업장
에서 1년 이상_1주일에 15시간 이상씩 일한 경우에 지급해야 한다.
하지만 퇴직금은 사장님에게 부담일 수밖에 없다. 그래서 처음 일
을 시작할 때 미리 퇴직금은 못 준다고 이야기를 하거나 월급에 퇴직
금을 포함하는 등의 퇴직금을 안 줄 방법을 강구해왔지만 요건에 해
당하는 직원에게는 무조건 해당되어 피할 수 없는 사장님의 의무라
고 앞서 설명했다_p. 38 참고. 피할 수 없다면 지켜야 하고, 지켜야 한다

면 잘 지켜야 한다. 법적 의무를 위해 퇴직금 계산방법을 알아보자.[30]

우선, 퇴직금은 직원이 업장에서 일했던 기간에 대하여 평균임금으로 계산한다. 직원이 그만두기 전 3개월 동안 받았던 임금총액을 그 기간의 전체 일수로 나누면 평균임금이 된다. 계산된 평균임금이 직원의 통상임금보다 작으면 통상임금으로 퇴직금을 계산해야 한다.

퇴직금의 기본 계산공식은 다음과 같다.

그렇다면 평균임금은 어떻게 구할까?

① 최종 3개월간의 직원의 임금=

② 직원에게 퇴직 전일로부터 1년간 지급된 상여금×3/12=

③ 퇴직 전일로부터 전년도 연차휴가를 사용하지 못해 지급받은 연차휴가수당×3/12=

④ (가+나+다)/퇴직 전 3개월간의 일수(89일~92일)=라=평균임금

▶ 소규모 업장에서는 대개 '가, 다' 혹은 '가'로 평균임금을 계산한다.

이제 직접 퇴직금을 계산해보자. 기본적인 조건은 _42_ 와 같다.

---

30 퇴직소득세 계산방법(www.nts.go.kr→왼쪽상단 국세정보→국세청 프로그램)
: 국세청 홈페이지에서 귀속년도별 퇴직소득 세액 계산 프로그램 이용하여 계산 가능(각 귀속년도 확인 필요!)

**42** 직원의 퇴직금 정산을 위한 기본 정보

| 항목 | 내용 |
|------|------|
| 입사일자 | 2019년 9월 1일 |
| 퇴직일자 | 2020년 11월 1일 |
| 재직일자 | 427일 |
| 월 임금 | 2,000,000원 |

**43** 퇴직 전 3개월간 임금총액

| 기간 | 기간별 일수 | 기본급 |
|------|------|------|
| 2020.8.1 ~ 2020.8.31 | 31일 | 2,000,000원 |
| 2020.9.1 ~ 2020.9.30 | 30일 | 2,000,000원 |
| 2020.10.1 ~ 2020.10.31 | 31일 | 2,000,000원 |
| 합계 | 92일 | 6,000,000원 |

▶ 1일 평균임금

평균임금 계산공식

=퇴직일 전 3개월간 지급받은 임금총액÷퇴직일 이전 3개월간의 총일수

=6,000,000원÷92일=65,217.4원

▶ 퇴직금 계산

퇴직금 계산식=1일 평균임금×30일×(총 재직일수/365)

=65,217.4원×30일×(427일/365)=2,288,862.72원

직원에게 임금을 지급할 때 4대 보험료와 소득세 등을 제외하고 지급한다. 그러나 퇴직금의 경우는 좀 다르다. 퇴직금은 임금과 달리 퇴직소득세를 공제하고 지급한다.

"퇴직금 계산하는 방법을 알면 뭐 하나요. 정말 임금도 간신히 주는데 퇴직금을 안 주는 방법은 없을까요?"

사장님과의 관계가 좋았던 직원이 사장님의 사정을 잘 헤아려 그만두면서 자신에게 생기는 '퇴직금 지급받을 권리'를 포기한다면 안 줘도 된다. 하지만 과연 이런 일이 있을까?

## ▶ 알아두면 도움되는 평균임금과 통상임금 차이

### 1 평균임금

평균임금은 직원이 평소에 받았던 임금을 사실 그대로 계산하고자하는 뜻에서 나온 개념이다. 근로기준법 제2조 제1항 6호에 명시되어 있는 평균임금은 계산해야 할 상황이 발생한 날 전 3개월을 역산하여 해당 직원에게 지급된 임금총액을 역산한 기간의 총일수로 나눈 금액을 말한다.

### 2 통상임금

정기적이고 일률적으로 소정_所定 근로 또는 총근로에 대하여 지급하기로 정한 시간급 금액, 일급 금액, 주급 금액, 월급 금액 또는 도급 금액을 통상임금이라 한다_근로기준법 시행령 제6조 제1항. 통상임금은 업장에서 직원에게 일하기 전에 정기적, 일률적이며 고정적으로 지급하기로 약속된 임금을 말한다. 예를 들어 직원과 합의한 업무시간에 기본급을 포함해 정기적으로 나오는 임금_직책수당, 직무수당과 일률적으로 나오는 임금_위험수당, 작업수당이 바로 통상임금에 해당한다.

**44** 평균임금과 통상임금의 비교

| | 평균임금 | 통상임금 |
|---|---|---|
| 임금의 정의 | •산정 사유 발생일 이전 3개월 동안 받은 임금총액을 그 기간 총일수로 나눈 금액 (근로기준법 제2조 제1항 6호) | •근로의 대가로 정기적, 일률적, 고정적으로 지급되는 임금 (근로기준법 시행령 제6조 제1항) |
| 산정 사유 | •퇴직금, 휴업수당, 연차수당, 감급의 제재(감봉의 제한) | •시간외근로수당(연장·야간·휴일근로수당), 해고예고수당, 연차수당 등 |
| 산정 방법 | •3개월간 임금총액 / 총일수 | •월 통상임금 / 209시간 |

평균임금과 통상임금을 나누는 이유는 무엇일까? 근로기준법상 여러 수당_가산수당, 퇴직금, 해고예고수당 등이 쓰여 있는데 이를 지급하기 위한 기준을 세우기 위하여 나누는 것이다_평균임금과 통상임금을 계산하는 목적이 다르고, 수당은 그 목적에 따라 평균임금으로 계산할지 통상임금으로 계산할지가 나누어지고 있다.

직원이 퇴직연금
들어달라는데
꼭 해야 하나요?

Q. 직원이 자신의 친구네 업장은 퇴직연금에 가입했는데 우리 업장은 왜 가
   입하지 않냐고 따집니다. 그럼, 퇴직금을 안 주냐고 묻는데, 퇴직연금에 가
   입해야지만 퇴직금을 줄 수 있나요?

　근로자퇴직급여 보장법 제5조[31]를 보면 2017년 7월 26일 이후 새로
설립된 회사는 1년 이내에 퇴직연금에 가입하게 되어 있다. 이를 지키
지 않았을 때의 벌칙 규정은 없다. 따라서 퇴직연금의 가입 여부는 업
장과 직원이 결정하면 된다_대부분은 사장님의 결정에 따라 가입 여부가 결정되긴 한다.
　"퇴직연금에 가입하지 않으면 퇴직금을 안 줘도 되나요?"

31 근로자퇴직급여 보장법 제5조(새로 성립된 사업의 퇴직급여제도)
　법률 제10967호 근로자퇴직급여 보장법 전부개정법률 시행일 이후 새로 성립(합병 · 분할된 경
　우는 제외한다)된 사업의 사용자는 근로자대표의 의견을 들어 사업의 성립 후 1년 이내에 확정
　급여형퇴직연금제도나 확정기여형퇴직연금제도를 설정하여야 한다.

법에 따라 퇴직연금에 가입하지 않은 사업장은 예전과 같은 형태의 퇴직일시금을 주는 사업장이다. 즉, 한 업장에서 1년 이상, 1주 15시간 이상 일을 한 경우에는 반드시 퇴직금을 지급해야 한다_직원이 퇴직금을 포기하지 않는 이상. p.38 퇴직금 Q&A 참고.

퇴직연금은 크게 확정급여형_DB형과 확정기여형_DC형으로 나뉜다.

**45** 퇴직연금의 종류

|  | 확정급여형(DB형) | 확정기여형(DC형) |
|---|---|---|
| 확정내용 | •직원의 퇴직급여 사전 확정 | •업장의 부담금 사전에 확정 |
| 부담금 | •업장 부담금 변동 | •업장 부담금 사전 확정(연봉 1/12) |
| 운용책임 | •업장 | •직원 |
| 지급형태 | •연금 또는 일시금 |  |
| 퇴직금 | •직전 3개월 평균임금X근속년수(기존 퇴직금 제도와 같은 금액) | •매년 임금총액X1/12±운용손익 |
| 중도인출 | •불가 | •가능 |

퇴직연금 중 많은 업장은 확정기여형_DC형을 택한다. 업장에서 사전에 부담하는 부담금이 정해져 있고, 운용책임이 직원에게 있어서 업장 선호도가 높다. 어떤 것이 더 낫냐고 묻는다면, 한 업장에서 오래 일한다면 확정급여형_DB형이 직원에게 유리하고 연봉제로서 능력만큼 임금이 책정된다면 확정기여형_DC형이 직원에게 더 유리하다.

업장에서 일하던 일용직이
퇴직금을 달라는데
일용직도
퇴직금이 있나요?

Q.업장에 일용직을 고용했는데, 얼마 전 지방으로 이사 간다고 일을 못 하
게 되었다면서 퇴직금을 달라는 겁니다. 아르바이트생이나 계약직 직원에
게 퇴직금을 준다는 얘기는 들어봤어도 일용직 직원에게 퇴직금 준다는 이
야기는 못 들어봤는데 제가 퇴직금 줘야 할 의무가 있나요?

　사장님은 어떤 상황에서 퇴직금 지급할 의무가 있을까? 한 업장에
서 1년 이상 계속 일하고, 1주일에 15시간 이상 일하던 직원이 퇴사하
면 평균임금을 기준으로 퇴직금을 지급해야 한다. 이는 업장에서 일
하던 정규직, 계약직, 파견직, 아르바이트 직원 모두 동일하다. 이 조
건에 해당하면 무조건 지급해야 한다.
　그렇다면 일용직 직원은 어떨까? 실제로는 아르바이트처럼 일하지

만 일용직이라 부르는 직원 말고 정말 한 달 동안 간간이 시간 될 때 나와서 일하는 일용직 직원도 퇴직금을 지급해야 할까?

### ① 한 업장에서 1년 이상 계속 일한 것으로 볼 수 있을까?

일용직 직원의 경우 한 업장에서 계속해서 1년 이상 일했다면 이는 전체 기간을 근로기간으로 인정할 수 있다고 본다. 즉, 법원에서는 한 달에 5~15일만을 일했다 하더라도 계속 일한 것으로 본다는 것이다. 근로기간을 종료하고 싶다면 사장님은 일용직 직원에게 근로계약 해지통보나 신규채용 등의 의사를 밝혀야 한다.

### ② 평균임금은 어떻게 계산할까?

일용직은 매월 일하는 일수가 다르기 때문에 월별 근로일과 근로시간이 일정하지 않다. 이에 따라 근로기준법 시행령 제3조[32]에서는 일용근로자에 대해서 고용노동부 장관이 사업별 또는 직업별로 정하는 금액을 평균임금으로 정하도록 하고 있다.

그런데 중요한 것은 현재 근로기준법 시행령 제3조에 따른 임금이 정해진 상태가 아니다. 이를 어쩌나? 그냥 다른 직원과 마찬가지로 동일하게 계산하면 된다. 즉, 퇴직일 전 3개월간 지급된 임금총액을 그 기간의 총일수로 나눈 금액을 평균임금으로 보면 된다.

---

32 근로기준법 제3조(일용근로자의 평균임금)
　일용근로자의 평균임금은 고용노동부장관이 사업이나 직업에 따라 정하는 금액으로 한다.

일용직 직원이라고 하여 초단시간 직원_1주일에 15시간 미만 일하는 직원과 같이 생각했다가는 큰일이다. 업장에서 바쁠 때 급히 콜하여 일하게 하는 일용직을 얕보면 안 된다. 일하기 전에 반드시 근로계약서를 작성하고, 한 달이 지나면 근로계약 해지를 통보해 계속근로기간을 단절해야 한다.

직원이 1일에 퇴사해서
월급날인 25일에
월급이랑 퇴직금 줬는데
왜 신고한 거죠?
〈퇴직 후 14일 이내 금품청산 의무〉

Q. 저희 업장 월급일은 25일입니다. 이번 달 1일에 그만둔 직원이 있어서
   25일에 월급이랑 퇴직금을 입금하려고 했는데 20일에 노동청에서 제가
   임금체불을 했다며 조사받으러 오라고 연락을 받았습니다. 전 안 줄 것이
   아니고 월급날이 아직 안 돌아와서 안 준 건데 뭘 잘못했나요?

 직원이 업장을 그만두면 사장님은 직원에게 임금과 퇴직금 등을 청
산해주어야 한다[33, 34]_이를 근로기준법에서는 **금품청산**이라 한다. 마음속으로 대답해

---

33 근로자퇴직급여보장법 제9조(퇴직금의 지급)
 사용자는 근로자가 퇴직한 경우에는 지급 사유가 발생한 날부터 14일 이내에 퇴직금을 지급해
 야 한다. 다만, 특별한 사정의 경우에 당사자 간의 합의에 따라 지급기일을 연장할 수 있다.
34 근로기준법 제36조(금품 청산)
 사용자는 근로자가 사망 또는 퇴직한 경우에는 그 지급 사유가 발생한 때부터 14일 이내에 임
 금, 보상금, 그 밖의 모든 금품을 지급하여야 한다. 다만, 특별한 사정이 있을 경우에는 당사자
 사이의 합의에 의하여 기일을 연장할 수 있다.

주십시오. 사례 속 사장님이 잘못했다고 생각하는 분 계십니까?

"사장님은 직원이 그만둔 후 다음 월급날에 돈 주려고 했다고 하는데요? 떼먹으려고 한 것도 아닌데…… 와! 저 직원 너무하네."

이렇게 생각하시는 사장님이 분명히 있을 것이다. 금품청산에도 그 시기가 있다는 사실 알고 계신 사장님, 마음속으로 손! 직원이 회사를 그만두면 사장님은 직원에게 임금 또는 퇴직금 기타 등등 주어야 하는 돈이 있다. 그것을 직원이 그만둔 다음 날부터 14일 이내에 모두 지급해야 한다. 이것이 바로 근로기준법상의 금품청산이다. 금품청산 의무를 제 시기에 진행하지 않으면 사장님은 직원에게 주어야 할 금품 이외에 이자까지 지급해야 하며, 더 심각한 경우에는 손해배상을 해야 할 수도 있다.

"직원들 임금은 한 번에 입금하면 좋은데 그만둔 직원 돈을 따로, 그것도 기간에 맞춰서 줘야 한다고요?"

사장님이 직원이 회사를 그만둘 때 14일 이내가 아닌 다음 월급날 돈을 지급하겠다 하고, 이에 대한 합의가 있으면 14일을 지키지 않아도 된다. 그렇다면 합의는 어떻게 해야 하는가?

"너직원 씨, 1일에 그만둬서 14일 이내에 임금이랑 퇴직금을 줘야 하는데 월급일이 25일이잖아요. 그러니까 25일에 줘도 될까요?"

이렇게 직원의 합의_동의를 받아두자_합의서 혹은 동의서를 받아두는 것이 Best!

"아! 몰랐어요. 아까 14일보다 늦게 주면 무슨 이자가 붙는다고 했는데 그건 얼마나 줘야 하는 겁니까?"

금품청산 날짜를 지키지 못해 발생하는 이자는 연 20%[35, 36]이다.

"제가 너직원 씨랑 월급날에 주는 걸로 합의서를 썼거든요. 그럼 이자는 안 주는 거죠?"

합의서는 돈을 늦게 받는 것에 대한 합의일 뿐 돈 지급이 늦어진 것에 대한 이자는 발생한다. 다만, 사장님이 파산, 개인회생절차를 밟고 있거나 임금이나 퇴직금을 지급할 자금을 확보하기 어려운 경우 등 법에서 정한 사유_P.271 별첨 각주 참고가 있다면 이자는 면제된다.

합의를 해도 이자의 문제가 남아 있다면 합의를 하라는 건지, 하지 말라는 건지 혼동될 것이다. 결론을 내자면 사장님은 직원이 그만두면 1주일 이내에 직원과의 금전거래는 깔끔하게 해결하는 것이 가장 좋다고 말하고 싶다.

---

35 근로기준법 제37조(미지급 임금에 대한 지연이자)
　　①사용자는 제36조에 따라 지급하여야 하는 임금 및 「근로자퇴직급여 보장법」 제2조 제5호에 따른 급여(일시금만 해당된다)의 전부 또는 일부를 그 지급 사유가 발생한 날부터 14일 이내에 지급하지 아니한 경우 그 다음 날부터 지급하는 날까지의 지연 일수에 대하여 연 100분의 40 이내의 범위에서 「은행법」에 따른 은행이 적용하는 연체금리 등 경제 여건을 고려하여 대통령령으로 정하는 이율에 따른 지연이자를 지급하여야 한다.

36 근로기준법 시행령 제17조(미지급 임금에 대한 지연이자의 이율)
　　법 제37조 제1항에서 "대통령령으로 정하는 이율"이란 연 100분의 20을 말한다.

업장에
적응 못하는 직원을
해고하고 싶은데
어떻게 해야 하죠?

Q. 얼마 전 들어온 직원이 기존 직원들과 어울리지 못합니다. 거기다 일도
   잘 못해서 그만두라고 하고 싶은데 어떻게 해야 할까요?

 업무능력이 떨어지거나 기존 직원들과 어울리지 못하는 신입직원,
업장에서는 정말 골칫거리이다.
 이런 상황에서 어떤 방법이 좋을까? 일이 끝나고 난 후 조용히 신입
직원을 불러서 "일은 어때요? 할 만해요? 그동안 지켜봤는데 우리 업
장이랑은 안 맞는 것 같아서 이번 주까지만 일하면 좋겠는데……."라
고 어색하게 말을 꺼내는 것이 최선일까?
 현재 사장님 업장의 직원이 5명 미만이라면 그렇게 하셔도 된다_다
만, 해고예고는 지켜야 한다. 이건 다음 파트에서 이야기하겠다. 하지만 직원이 5명 이상이

라면 이야기가 달라진다. 왜냐고? 해고당한 직원이 부당해고 구제신청[37]이라는 민원을 제기할 수 있기 때문이다.

직원과 잘 어울리지 못하고 일에 소질이 없는 직원조차 내보내기 어렵다. 그것도 어마어마하게 어렵다. 현재 우리나라에서는 직원을 채용하기는 쉽지만 내보내는 것은 굉장히 어렵게 되어 있다. 사장님이 업장에서 신입직원을 내보내기_=해고 위해서는 법에 따른 이유, 시기, 절차를 잘 지켜야만 한다.

① 해고의 이유와 시기

이유: 업장에서 직원을 해고할 때는 정당한 사유가 있어야 하며 해고금지 기간에는 정당한 사유가 있어도 해고할 수 없다.[38]

정당한 사유? 어떤 것이 정당한 사유일까? 업무능력이 떨어지고 업장에 적응을 못하는 것만큼 정당한 사유가 또 있을까? 판례에서는 사회통념상 고용계약을 계속시킬 수 없을 정도로 근로자에게 책임이 있는 사유가 있다든가 부득이한 경영상의 필요한 경우를 해고할 수 있는 정당한 사유로 본다고 한다.

---

37 부당해고 구제신청은 상시근로자 수 5명 이상의 사업장에서 해고된 직원만이 신청할 수 있다.

38 근로기준법 제23조(해고 등의 제한)

①사용자는 근로자에게 정당한 이유 없이 해고, 휴직, 정직, 전직, 감봉, 그 밖의 징벌(懲罰)(이하 "부당해고" 등이라 한다)을 하지 못한다.

②사용자는 근로자가 업무상 부상 또는 질병의 요양을 위하여 휴업한 기간과 그 후 30일 동안 또는 산전(産前)·산후(産後)의 여성이 이 법에 따라 휴업한 기간과 그 후 30일 동안은 해고하지 못한다. 다만, 사용자가 제84조에 따라 일시보상을 하였을 경우 또는 사업을 계속할 수 없게 된 경우에는 그러하지 아니하다.

구체적인 예를 보면, (a)직원이 무단결근, 조퇴, 지각을 반복하는 경우, (b)직원이 근로계약상의 근로제공을 거부한 경우, (c)직원이 제대로 일을 못한 경우_하자 있는 근로의 제공, (d)직원이 회사의 정당한 지시를 반복적으로 위반한 경우, (e)직장 동료 및 상사를 폭행한 경우, (f)직원의 중대한 범죄행위, (g)회사 명예의 훼손, 부정행위, 비윤리적 행위 등이 해고 가능한 사유들이다.

다만 직원이 위 사례 중 하나라도 당시 업장의 상황, 분위기 등에 따라 사유의 정당성은 인정되거나 인정되지 않을 수 있다_아…, 어쩌라고요!

## ② 해고 절차

### ① 해고 사유와 시기의 서면통지

직원을 해고한 사장님은 앞의 에피소드와 같이 조용한 곳으로 불러내어 해고를 말하든가 말할 용기가 나지 않는다면 카톡이나 문자로 해고 내용을 보낼 것이다. 하지만 이런 해고는 다 무효로 법으로 인정받지 못한다. 정당한 사유가 있어도 말이다. 직원을 해고할 때는 법의 절차를 지켜야 한다. 즉, <u>사장이 직원을 해고할 때는 해고 사유와 해고 시기를 서면</u>_종이으로 직원에게 알려줘야 한다[39]_이 규정은 5인 미만, 5인 이상 사업장 모두에게 적용된다.

---

39 근로기준법 제27조(해고사유 등의 서면통지)
　①사용자는 근로자를 해고하려면 해고사유와 해고시기를 서면으로 통지하여야 한다.
　②근로자에 대한 해고는 제1항에 따라 서면으로 통지하여야 효력이 있다.
　③사용자가 제26조에 따른 해고의 예고를 해고사유와 해고시기를 명시하여 서면으로 한 경우에는 제1항에 따른 통지를 한 것으로 본다.

이는 나중에 생길지 모르는 분쟁을 해결하는 데 도움을 주고, 사장이 일시적인 감정으로 직원을 해고하는 일을 막기 위한 법이다. 사장이 직원을 해고할 때 열 번, 백 번, 천 번을 숙고하는 경우도 있지만, 직원과의 작은 트러블로 한순간 감정으로 해고할 수 있기 때문이다.

따라서 직원 해고 시 사장님은 「해고통지서」를 직원에게 주어야 한다. 직원이 해고되는 이유를 구체적으로 써야 하고_업장 내 회사규칙이 있는 경우 규칙을 자세히 써야 함, 해고되는 날짜는 연월일까지 정확히 써야 한다.

## ② 해고예고

사장님은 직원을 해고할 때 해고 30일 전에 직원에게 해고하겠다고 말하든가, 아니면 30일분의 통상임금을 지급해야 한다[40]_이 규정은 5인 미만, 5인 이상 사업장 모두에게 적용된다. 이를 '해고예고'라 하는데 직원이 갑자기 직장을 잃어 생활이 곤란해지는 것을 방지하기 위해 30일의 기간을 주거나, 30일분의 통상임금을 주어 그동안 새로운 직장을 찾도록 배려해주어야 한다는 취지로 만들어진 것이라고 한다.

또 중요한 것이 있다. 해고예고를 했다고 직원을 해고한 것이 정당화되는 것은 아니다. 해고의 절차 중 한 스텝을 지킨 것일 뿐이다_해고예고를 했어도 사유가 정당하지 못하거나 통지를 서면으로 하지 않으면 무효가 될 수 있다.

---

[40] 근로기준법 제26조(해고의 예고)

사용자는 근로자를 해고(경영상 이유에 의한 해고를 포함)하려면 적어도 30일 전에 예고를 하여야 하고, 30일 전에 예고하지 아니하였을 때에는 30일분 이상의 통상임금을 지급하여야 한다.

사장님은 해고예고에서 '30'을 기억해야만 한다.

그럼 사장님이 15일에 직원에게 해고를 통보하고, 15일분의 통상임금을 지급하는 것은 가능할까? 15일 전에 통보하고 15일분의 통상임금을 지급했다면 '15+15=30'이니까?!

땡! 안 됩니다!

해고예고는 직원에게 30일 전에 해고를 통보하거나 30일분의 통상임금을 지급하는 것, 둘 중에 하나만 선택할 수 있다. 만약 사장님이 직원에게 29일 전 해고 통보를 했다면 30일 전에 해고예고를 하지 않았기 때문에 직원에게 30일분의 통상임금을 지급해야 한다.

---

[근로기준법 시행규칙 제4조(해고예고의 예외가 되는 근로자의 귀책사유)]

1. 납품업체로부터 금품이나 향응을 제공받고 불량품을 납품받아 생산에 차질을 가져온 경우
2. 영업용 차량을 임의로 타인에게 대리운전하게 하여 교통사고를 일으킨 경우
3. 사업의 기밀이나 그 밖의 정보를 경쟁관계에 있는 다른 사업자 등에게 제공하여 사업에 지장을 가져온 경우
4. 허위 사실을 날조하여 유포하거나 불법 집단행동을 주도하여 사업에 막대한 지장을 가져온 경우
5. 영업용 차량 운송 수입금을 부당하게 착복하는 등 직책을 이용하여 공금을 착복, 장기유용, 횡령 또는 배임한 경우
6. 제품 또는 원료 등을 몰래 훔치거나 불법 반출한 경우
7. 인사·경리·회계담당 직원이 근로자의 근무상황 실적을 조작하거나 허위 서류 등을 작성하여 사업에 손해를 끼친 경우
8. 사업장의 기물을 고의로 파손하여 생산에 막대한 지장을 가져온 경우
9. 그 밖에 사회통념상 고의로 사업에 막대한 지장을 가져오거나 재산상 손해를 끼쳤다고 인정되는 경우

[근로기준법 제26조 해고예고의 적용제외]

1. 근로자가 계속근로한 기간이 3개월 미만인 경우

2. 천재·사변, 그 밖의 부득이한 사유로 사업을 계속하는 것이 불가능한 경우

3. 근로자가 고의로 사업에 막대한 지장을 초래하거나 재산상 손해를 끼친 경우로서 고용노동부령으로 정하는 사유에 해당하는 경우

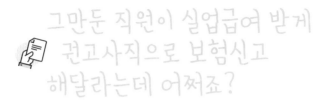
Q. 3년 정도 일한 팀장이 쉬고 싶다고 그만둔다고 합니다. 잡았지만 소용이
없었어요. 그런데 쉬는 동안 생활비가 걱정되어 실업급여를 받게 보험신고
를 요청합니다. 3년간의 정이 있어 해주고 싶은데 해줘도 되는지, 업장에
피해는 없을지 궁금합니다.

정 많은 우리 사장님, 팀장의 부탁이 엄청난 고민으로 다가온다.
'3년간 정든 팀장의 부탁! 어차피 실업급여는 내 주머니에서 나가는
것이 아니고 나라에서 주는 것이니 팀장이 실업급여를 받을 수 있도
록 해줘도 되겠지?'
편법, 불법은 노노!
팀장의 부탁을 들어준다면 사장님은 팀장에게 잠깐 마음씨 좋은 사

장님이 될 수 있겠지만 불법행위에 동조한 것으로 벌금형에 처해질 수 있다. 일부 사장님은 실업급여가 업장을 그만두면 받는 것으로 생각한다. 그러나, 아니다. 실업급여는 계속 일하고 싶어 하는 직원이 원치 않게 일을 하지 못할 때 나라에서 소정의 급여를 지급하여 생계 불안을 극복하고, 생활 안정화 내에서 재취업의 기회를 가질 수 있도록 도움을 주는 제도이다. 즉, 회사를 그만두는 것에 대한 위로금이나 고용보험료를 낸 것에 대한 대가가 아니다.

여기서 가장 중요한 조건은 직원이 근로할 의사와 능력이 있음에도 일을 못 하게 된 경우만 실업급여를 받을 수 있다는 것이다. _밑줄 쫙! 돼지꼬리 땡야!_ 팀장은 사장님이 퇴사를 만류했음에도 본인이 쉬고 싶다는 자신의 의지로 퇴사하는 것이다. 짧게 말해 자진퇴사! 이런 경우는 실업급여를 받지 못한다.

팀장은 쉬고 싶지만 수입이 없어지니 생활이 걱정될 것이다. 그래서 실업급여를 받으면서 경제적인 부담을 떨치고, 다음 직장을 구하려고 한다. 그래서 팀장처럼 업장에 고용보험 상실사유를 실업급여를 받을 수 있는 '권고사직, 해고, 계약만료 등' 사유로 거짓 신고를 부탁하는 경우가 상당히 자주 일어난다.

사장님은 생각할 것이다. 실업급여는 사장님과 팀장이 납부했던 고용보험에서 지급하는 것이니, 사장님 주머니에서 돈이 나가지 않는다. 아름다운 안녕을 원하는 사장님이 호기롭게 '오냐, 해주마!' 하며 팀장이 실업급여를 수급하도록 도와주려고 한다. 고용보험 상실 사유만 바꿔서 적으니 큰 문제가 아니라고 생각하고, 이로 인한 나비효과가 얼마나 큰지 생각하지 못하는 사장님을 보면 참으로 안타깝다. 사장님의 호기로움으로 인한 나비효과는 어떤 것이 있을까?

**① 과태료가 발생한다.**

업장은 직원이 회사를 그만두면 4대 보험의 상실 신고를 한다. 이때 고용보험 상실 사유를 쓰는데, 상실 사유에 따라서 실업급여를 받을지 받지 않을지가 결정된다. 그리고 팀장이 실업급여를 받게 하려고 업장은 이직확인서[41]를 작성하여 관할 고용복지플러스센터에 제출한다. 직원의 이직사유를 거짓이나 허위로 작성하면 과태료가 부과된다. 과태료는 100만 원부터 시작이다.

[이직자가 실업급여 수급자격이 없거나 있는 것처럼 허위로 작성해 제출한 경우]
1차 위반 : 100만 원 과태료 부과
2차 위반 : 200만 원 과태료 부과
3차 위반 : 300만 원 과태료 부과

**② 고용보험에서 지원하는 정부지원금을 지급받지 못할 수 있다.**

고용보험에서는 고용유지지원금, 고용창출장려금, 고용안정장려금 등 사업주를 위한 지원금 제도를 운영한다. 고용보험에서 운영하는 지원금을 받기 위해서는 그에 대한 조건을 충족해야 한다. 그 조건

---

41 실업급여 수급자격을 판단하기 위하여 반드시 필요한 서류로서 근로자가 이직 후 실업급여를 신청하기 위하여 이직 전 직장에서 발급받은 이직확인서가 있어야 하며, 이직확인서가 있어야만 실업급여 신청이 가능하다.

중 '감원방지의무'라는 것이 있다. 일정 기간 동안 업장에서 강제로 직원을 내보내지 않아야 하는_해고, 권고사직 등 것이다.

과거 고객사 중에서 「고용창출장려금」을 지급받을 수 있는 곳이 있었다. 고용보험에서 원하는 모든 조건을 충족했고, 마지막으로 감원방지의무만 충족하면 장려금 신청이 가능했다. 「고용창출장려금」의 경우 감원방지의무 기간은 장려금 지급 대상 직원을 고용하기 3개월 전~고용 후 1년까지이다. 그런데 해당 업장에서 2개월 20일 전에 1명이 권고사직으로 처리된 것이 밝혀졌다. 회사에서 직원을 권고사직이나 해고하지 않았는데 어찌된 영문인지 의아했다. 그래서 사장님께 물어보니 약 3달 전 적성이 맞지 않아 자진퇴사한 직원이 실업급여를 받고 싶으니 권고사직으로 신고해달라고 퇴사 후 2주 내내 업장으로 출근도장을 찍으며 괴롭혔고 이에 못 이겨 사장님은 해당 직원의 퇴사 사유를 권고사직으로 신고했다는 것이다. 청천벽력과 같은 소리였다. 당시 한 번의 신청으로 족히 1천만 원의 장려금을 받을 수 있는 상황이었는데 그 돈이 눈앞에서 날아갔다. 사장님은 정말 안타까워했지만 이미 벌어진 일이고, 주워 담을 수 없었다. 1천만 원이 저 멀리 날아가는 것을 지켜볼 수밖에 없었다.

"저희 업장은 받고 있는 지원금도 없고, 앞으로도 받을 생각이 없어요. 나가는 직원이랑 얼굴 붉히기도 싫은데 그냥 실업급여 받게 해주면 안 돼요?"

사장님의 말처럼 당장 업장에서 고용보험의 장려금이나 지원금을 신청할 일이 없을 수 있다. 하지만 앞으로의 일은 그 누구도 모른다. 준비된 자만이 기회를 잡을 수 있으니 언제나 대비하고 있어야 한다.

또한 업장과 직원이 공모하여 고용보험 상실 사유를 거짓·허위 신고한 경우 최대 5년 이하의 징역 또는 5천만 원의 벌금이 부과될 수도 있다는 점 잊지 말자.

PART
4

# 특별한 상황에
# 필요한
# 노동법
## (코로나19, 성희롱 등)

코로나19 때문에
직원 월급도 주기 힘듭니다.
손님 없을 때 일찍 보내고
월급 줄였는데 괜찮죠?

높아진 최저임금에 사장님의 휘어진 허리가 언제쯤 꼿꼿하게 세워질 수 있을까? 실제 일한 만큼 돈을 주고받으면 별 탈이 없는데 일부 편법을 쓰는 사장님이 있다_소위 '꺾기'라 부른다.

나는 사장님에게 직원들을 올바르게 관리하려면 법을 제대로 지켜야 한다고 말한다. 그래야 불량한 직원에게 사장님이 떳떳하게 이야기할 수 있기 때문이다. 질문의 사장님은 지금 직원들에게 '꺾기' 전법을 쓰고 있다. 이는 사용하면 안 되는 방법이다.

우선 '꺾기'의 종류에 대해서 알아보자.

① 시간 꺾기

위의 사장님이 사용한 방법으로 가장 흔하게 사용되는 '시간 꺾기'

이다. 이는 업장에 손님이 없어 직원을 일찍 귀가시키고 「무노동 무임금 원칙」을 적용해 나중에 그만큼 시급을 깎는 전법이다.

코로나19 때문에 손님이 뜸한 것은 정말 안타까운 일이다. 그러나 냉정히 말해 손님이 없어서 업장 경영이 어려운 것은 사장님이 짊어져야 하는 몫이다. 손님이 적은 것은 직원의 잘못이 아니다. 즉, 그 시간에 일하지 않았더라도 사장님은 직원에게 휴업수당[42]을 지급해야 할 의무가 있다. 그럼 손님이 없어 근로시간을 줄이고 싶다면 어떻게 해야 할까? 근로시간을 줄여 근로계약을 다시 작성하자.

## ② 임금 꺾기

'임금 꺾기'는 일하는 시간을 15분 또는 30분 단위로 측정해서 임금을 지급하는 것을 말한다. 예를 들어 한 직원이 7시간 59분을 일했을 경우 7시간 30분에 대한 임금만을 지급하는 것이다. 즉, 29분은 30분을 채우지 못했기 때문에 일하지 않은 시간으로 간주하는 것이다. 또 9시 출근해야 하는 직원이 9시 2분에 출근하면 9시 30분부터 일한 것으로 체크한다.

「무노동 무임금 원칙」이 있는 만큼 「유노동 유임금 원칙」도 있다. 일한 만큼 임금을 지급해야 한다. 근래 노동청에서 임금 꺾기는 불법

---

42 근로기준법 제46조(휴업수당)
　①사용자의 귀책사유로 휴업하는 경우에 사용자는 휴업기간 동안 그 근로자에게 평균임금의 100분의 70 이상의 수당을 지급하여야 한다. 다만, 평균임금의 100분의 70에 해당하는 금액이 통상임금을 초과하는 경우에는 통상임금을 휴업수당으로 지급할 수 있다.

으로 보고 엄청난 감시를 한다. 힘드시겠지만 일한 만큼 제대로 임금 지급을 해야 한다.

### ③ 퇴직금 꺾기

한 업장에서 1년 이상 일하면 퇴직금을 지급해야 한다. 그러나, 퇴직금 지급을 피하려고 일부러 1년을 채우지 않는 근로계약을 하는 관행을 '퇴직금 꺾기'라 한다. 그게 무슨 문제가 되나 싶지만, 11개월 일하고, 조금 쉬다가 다시 11개월 근로계약을 맺고, 계약이 만료되면 또 조금 쉬다가 11개월 근로계약을 맺는 것으로 근로계약을 이어가는 것이다.

어차피 중간에 쉬는 기간이 있으니 계속 일하지 않았고, 퇴직금을 지급하지 않아도 된다고 생각할 수 있다. 하지만 대법원에서 반복된 근로계약 사이의 공백기간은 이것이 전체 근로계약 기간에 비하여 길지 않고 업무적 성격에 기인하거나 대기·재충전을 위한 이유가 있다면 근로기간의 계속성을 인정하고 있다는 사실을 기억해야 한다.

일을 잘해서 계속근로계약을 이어나가고 싶다면 편법을 쓰지 말고 퇴직금을 지급할 것을 예고하면서_법적으로 당연하지만 업장에서 일을 더 잘해주길 부탁하는 것이 올바른 길이라 생각한다. 근로계약서를 쓰는 이유는 말로 한 근로조건을 종이로 다시 작성해 재확인하고, 추후에 분쟁을 만들지 않기 위해서이다.

알고 있다. 코로나19로 업장의 운영이 어려워져 인건비도 부담되는 상황이라는 것을……. 하지만 아껴보려고 편법 쓰다가 나중에 노동청을 가는 일이 생긴다면, 그때 내가 들이는 시간, 교통비, 노무사 선임료, 스트레스 등을 감안한다면 정도를 가는 것이 제일이라 생각한다.

전국의 사장님, 힘내세요!
응원합니다!

# 업장 사정이 좋지 않아 직원 수를 줄여야 하는데, 「일자리안정자금」을 계속 지원받을 수 있나요?

「일자리안정자금」은 최저임금이 급격히 오름에 따라 직원 임금에 대한 사장님의 부담을 덜어주기 위한 정부의 지원제도이다. 업장의 사정이 좋지 않아 일부 직원을 내보내야 하는 경우 그나마 숨통을 트이게 했던 「일자리안정자금」을 계속 지원받을 수 있는지 여부가 사장님에게 큰 관심거리이다. 기본적으로 사장님은 「일자리안정자금」을 받는 동안 직원을 권고사직이나 해고 등 고용조정으로 직원 수를 줄이면 지원을 받을 수 없다.

그러나 세상의 모든 일에는 예외가 있는 법! 업장의 직원 수가 10인 미만인 경우 만약 매출액 감소 등 직원을 내보내야 하는 경우를 입증하거나 소명자료를 제출_매출액 등한다면 「일자리안정자금」을 계속 지원받을 수 있다.

여기서 포인트! 「일자리안정자금」의 지원을 받는 대상 직원을 내보내면 업장 전체의 지원이 중단된다_일자리안정자금 지원 대상자에 한해 고용유지 의무 부과. 하지만 「일자리안정자금」의 지원 대상이 아닌 직원을 내보내면 「일자리안정자금」은 계속 지원받을 수 있으니 참고하자.

코로나19로
급하게 폐업하는데
이런 상황에도 직원에게
해고예고를 해야 하나요?

Q.업장 폐업하는 것도 답답한데 직원 해고예고까지 신경 써야 합니까? 폐
업하는데 봐줘야 하는 거 아닌가요?

코로나19로 인해 업장 운영하는 것이 어려워 폐업을 결정하는 사장
님이 늘어나고 있다. 업장을 폐업하면 직원들도 일할 곳이 없어지고
이는 직원 입장에서는 해고당하는 느낌일 것이다. 업장에서 직원을
해고하는 경우 사장님은 직원에게 해고예고를 하거나 해고예고 수당
을 주어야 한다.

해고예고 의무가 나와 있는 근로기준법 제26조를 다시 보자.

> **[근로기준법 제26조(해고의 예고)]**
>
> 사용자는 근로자를 해고_**경영상 이유에 의한 해고를 포함한다**_하려면 적어도 30일 전에 예고를 하여야 하고, 30일 전에 예고를 하지 아니하였을 때에는 30일분 이상의 통상임금을 지급하여야 한다. 다만, 다음 각 호의 어느 하나에 해당하는 경우에는 그러하지 아니하다.
>
> 1. 근로자가 계속근로한 기간이 3개월 미만인 경우
> 2. 천재·사변, 그 밖의 부득이한 사유로 사업을 계속하는 것이 불가능한 경우
> 3. 근로자가 고의로 사업에 막대한 지장을 초래하거나 재산상 손해를 끼친 경우로서 고용노동부령으로 정하는 사유에 해당하는 경우

지금 사장님이 업장을 폐업하는 것은 코로나 바이러스로 업장을 계속 운영하는 것이 어려운 경우에 속한다. 이것은 위의 '2. 천재·사변, 그 밖의 부득이한 사유로 사업을 계속하는 것이 불가능한 경우'에 해당하지 않을까? 코로나19는 전 세계적인 팬데믹 상태이기 때문이다. 그렇다면, 고용노동부에서 '2. 천재·사변, 그 밖의 부득이한 사유로 사업을 계속하는 것이 불가능한 경우'를 어떻게 판단하고 있을까?

## ① 주장 1: 해고예고를 해야 한다

고용노동부는 천재, 사변에 준하는 정도의 돌발적이고 불가항력적인 경우로서 사장님에게 그 책임을 물을 수 없는 경우를 말한다고 했다. 단순 불황이나 경영난은 이에 포함되지 않는다. 생산 차질, 거래선 이탈 등 영업활동 위축으로 인한 폐업의 경우 사전에 예측이 가능한 경우로서 해고예고의 예외가 되는 부득이한 사유에 해당한

다고 보기 어렵다고 판단_근기 68207-914, 2003. 7. 21.된다고 한다.

② 주장 2: 해고예고를 하지 않아도 된다

업장의 부도로 인한 사실상의 도산이라는 돌발적이고 불가항력적인 사유로 인해 사업계속이 불가능한 경우 해고예고를 하지 않아도 된다_근기 68207-2320, 2000. 8. 2.는 의견도 있다.

"그래서 우리 업장에서 지금 해고예고를 해야 한다는 건가요?"

고용노동부에서 내놓은 『코로나19 관련 노동관계법 주요 Q&A』를 살펴보면 '코로나19의 여파로 부품업체 휴업에 따른 부품공급 중단이나, 예약취소·매출감소 등으로 인한 휴업은 사용자의 세력범위 안에서 발생한 경영 장애로서 사용자의 귀책사유에 해당한다.'라고 말하고 있다. 결론적으로 사장님은 직원에게 해고예고를 해야만 한다. 그러니 부득이하게 업장을 폐업 결정하게 된 경우 직원에게 해고예고할 시간을 고려해야 할 것이다.

코로나19로
문을 닫아야 하는데
정부지원금이 있나요?

　코로나19로 인해 업장의 매출액 감소 등 경영상 어려움이 발생한 경우 비상금까지 털어도 모자라 직원들의 임금까지 지급하지 못하는 상황이 되어 업장의 폐업이나 직원 감축을 고민하는 사장님이 많다. 업장의 이런 어려움을 극복할 수 있도록 <u>폐업은 직원도 일자리를 잃으니</u> 정부에서 지원제도를 운영하고 있다. 질문과 같이 코로나19로 인하여 고용유지가 어려워 업장을 잠시 쉬거나 영업시간 <u>혹은 영업일</u>을 줄이는 곳에 인건비를 지원한다.

　그럼 고용유지지원금을 받기 위한 조건은 어떤 것들이 있을까?
조건 1) <u>업장을 잠시 쉬거나 영업시간을 줄이는 경우 지원금에서 요구하는 사유 중 하나에 해당해야 한다.</u>

1. 말일 재고량이 직전 연도의 월평균 재고량에 비하여 50% 이상 증가한 사업주
2. 생산량이 기준달이 속하는 연도의 같은 달의 생산량, 기준달의 직전 3개월의 월평균 생산량, 기준달의 직전 연도 월평균 생산량 대비 15% 이상 감소
3. 매출액이 기준달이 속하는 연도 직전 연도의 같은 달의 매출액, 기준달 직전 3개월의 월평균 매출액 또는 기준달이 속하는 연도 직전 연도의 월평균 매출액 대비 15% 이상 감소
4. 재고량이 기준달의 직전 2분기의 분기별 월평균 재고량이 계속 증가 추세에 있거나 매출액이 기준달의 직전 2분기의 분기별 월평균 매출액이 계속 감소 추세
5. 사업의 일부 부서의 폐지감축 또는 일부 생산라인의 폐지 등 사업규모의 축소 조정을 행한 경우
6. 자동화 등 인원감축을 가져오는 시설의 설치, 작업형태 또는 생산방식의 변경이 있는 경우
7. 경영이 악화된 사업을 인수한 사업주로서 종전 사업 근로자의 60% 이상이 그 사업에 재배치되고 종전 사업 근로자가 그 사업 지분의 50%를 초과하여 취득하고 있는 사업의 사업주
8. 당해 업종·지역경제상황의 악화 등을 고려하여 고용조정이 불가피하다고 직업안정기관의 장이 인정한 사업주

　해당 사유를 증빙할 수 있는 서류를 준비해 제출하면 된다. 예를 들어 매출액 감소를 증명하기 위해서는 업장의 세금계산서 합계표, 매출액 장부, 손익계산서 등을 준비하면 된다.

　여기서 중요 포인트!

　11월에 지원금을 신청하기 위해서는 신청하기 전 달인 10월을 기준으로 매출액이 감소했다는 것을 증명하여야 한다.

## ▶ 예시

### ① 작년 5월 매출액과 비교

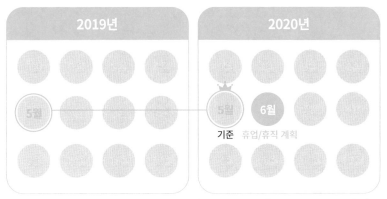

출처_고용노동부 공식 블로그

### ② 올해 5월 직전의 3개월, 즉 2~4월의 월평균 매출액과 비교

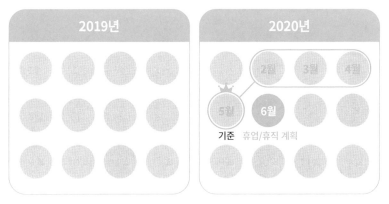

출처_고용노동부 공식 블로그

**③** 2019년 전체 월평균 매출액과 비교

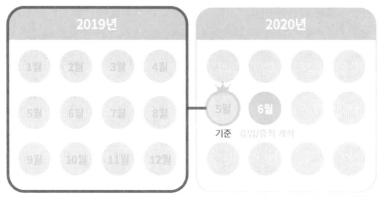

출처_고용노동부 공식 블로그

조건 2) 업장에서 전체 영업시간의 20%를 초과하여 줄이거나, 1개월 이상
　　　직원을 쉬게_휴직 하여야 한다.

▶ 휴업의 예시

　12월, 1월, 2월 총 근로시간 4,800시간을 3개월로 나눈 평균 1,600시간.
　1,600시간=고용유지지원금에서 말하는 '기준기간 총 근로시간'

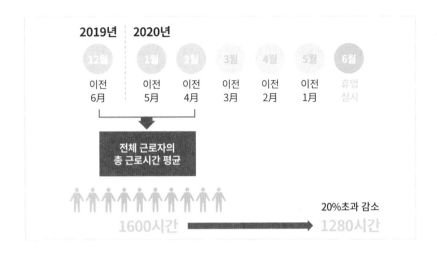

만약 6월에 휴업하려 한다면 6개월 전으로 돌아가서 3개월 동안의 평균을 구해야 한다.

3개월 평균 근로시간은 1,600시간, 20% 초과하여 일한 시간을 줄여야 하므로 평균 근로시간 1,600시간×0.2=320시간

즉 1,600시간−320시간=1,280시간 미만이면 '휴업' 조건 충족

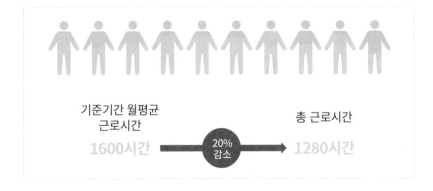

조건 3) 일을 쉬거나, 영업시간을 줄인 사장님은 직원에게 평균임금 70% 이상을 지급해야 한다.

◗ 수당 지급 예시

한 달 월급 200만 원인 너직원 씨의 1일 평균임금은?_6월 수당 지급 가정하면? =600만 원÷92일(3월, 4월, 5월의 일수는 총 92일)=65,217원

너직원 씨가 20일_실제근로일수 동안 휴업했을 경우

일일 평균임금 65,217×실제근로일수 20일=1,304,340원

사장님은 너직원에게 1,304,340원의 70%인 913,039원_1,304,340×0.7=913,039원을 휴업수당으로 지급해주어야 고용유지지원금을 지급받을 수 있다.

◗ 고용유지지원금 신청 절차

①계획서 제출
  · 온라인 고용보험 사이트 또는 오프라인 고용센터
  · 한 달 단위로 제출
  · 업장을 쉬거나, 영업시간 줄이기 전날까지 계획서를 제출해야 함

②휴직/휴업 실시
  · 계획서에 적힌 대로 실시
  · 휴직은 1개월 이상 실시

③근로자에게 수당 지급
  · 평균임금 70% 이상
  · 통상임금 100%

④지원금 신청서 작성 후 제출
  · 고용노동부에서 확인 후 지급됨

위의 절차를 이해하기 쉽도록 구체적으로 설명하면 다음과 같다.


## ① 계획서 제출 시

|  휴 업 | 📅 휴 직 |
|---|---|
| 1.고용유지조치 계획신고서 | 1.고용유지조치 계획신고서 |
| 2.휴업 대상자 명단(휴업 일시 표기) |   (1개월 단위 신청만 가능) |
| 3.노사가 협의하였음을 증빙하는 서류 | 2.고용유지조치 대상자 명단 |
|   (조합 없는 경우, 근로자 대표 선정) | 3.노사협의서, 노사협의 회의록 중 1가지 택일 |
| 4.위임장 1부 | 4.근로계약서, 취업규칙이나 단체협약 사본 |
|   (노사 없을 경우 개별 동의서 가능) |   (근로시간, 유·무급휴일, 임금의 범위, 지급방 |
| 5.취업규칙이나 근로계약서(근로시간, 유·무 |   식) |
|   급휴일, 임금의 범위, 지급방식) | 5.매출액 장부, 생산재고대장 사본 |
| 6.고용유지현황 및 매출액 대비표 | 6.휴직 이전 3개월 임금대장 사본 |
| 7.임금대장 사본 | 7.출근카드(출근부) |
|   (휴업 실시 전월 3개월분) | |

**①** '노사가 협의하였음을 증빙하는 서류'란?

소규모 사업장의 경우, 직원 대표를 설정하는 것보다는 각 직원 개별로 협의하고 개별로 동의서를 받아야 한다. 동의서에는 휴업하는 해당 직원의 인적사항, 스케줄 변경 시 근로자 행동 방안 등이 나와 있어야 한다.

**46** 사업의 근로시간, 휴일 등 근로에 관한 사항을 확인할 수 있는 서류

| 업장규모 | 내용 |
|---|---|
| 30인 이상 업장 | 단체협약, 취업규칙 |
| 10인 이상 업장 | 취업규칙 |
| 10인 미만 업장 | 개별 직원 근로계약서 |

**②** 한 달 단위로 모든 서류를 새롭게 제출해야 하나?

계획서와 근로자동의서만 추가 작성하면 되는데, 처음 제출할 때 2~3달분에 대해서 협의하고 그 서류를 다시 제출하면 된다. 매출액 증빙 서류 등은 생략 가능하며 추가 확인이 필요한 경우 고용복지플러스센터에서 별도로 서류제출 요청한다.

## ②지원금 신청서 제출 시

|  휴 업 | 휴 직 |
| --- | --- |
| 1.고용유지지원금 신청서 | 1.고용유지지원금 신청서 |
| 2.휴업 실시현황 | 2.휴직수당이 기재된 임금대장 사본 |
| 3.휴업 실시자 명부 | 3.입금내역서 |
| 4.휴업수당이 기재된 임금대장 사본 |   (계좌이체서 또는 무통장 입금증) |
| 5.입금내역서 | 4.기타 지원금 처리에 관련된 서류(해당 시) |
|   (계좌이체서 또는 무통장입금증) | 5.휴직동의서 사본 |
| 6.출근부 사본(휴업월) | |
| 7.기타 지원금 처리에 관련된 서류(해당 시) | |

직원에게 휴직 혹은 휴업수당이 나간 것을 바탕으로 지원되기 때문에 계획서를 제출 후 직원에게 지급된 휴업수당 증빙자료로 지원금 신청서를 한 번 더 작성한다_이를 확인 후 고용유지지원금이 지급 - 최대 180일 한도.

## ③신청 방법

1)온라인:www.ei.go.kr 신청 가능

2)오프라인:고용복지플러스센터 신청 가능

건물을 리모델링해서
2개월 쉽니다.
그런데 직원이 휴업수당을
물어보네요.

휴업! 휴업은 어떠한 경우를 말할까?

직원은 일할 수 있고 일하고 싶은데 사장님에 의해 일할 수 없는 상황이 되거나 노무 수령이 거부된 상태를 말한다. 이러한 경우에 사장님은 직원에게 휴업수당을 지급해야 한다_참고로 **휴업수당은 직원 수 5명 이상인 업장에만 해당한다.** 근로기준법 제46조[43]에 휴업수당의 내용이 나와 있다. 이런 상황에서는 사장님의 귀책사유로 휴업수당을 지급해야 한다.

그렇다면, 사장님의 귀책사유에는 어떤 것이 있을까? 사장님의 고의·과실과는 상관없이 사장님의 세력범위 내에서 발생한 경영상 장

---

43 근로기준법 제46조(휴업수당)

①사용자의 귀책 사유로 휴업하는 경우에 사용자는 휴업 기간 동안 그 근로자에게 평균임금의 100분의 70 이상의 수당을 지급하여야 한다. 다만, 평균임금의 100분의 70에 해당하는 금액이 통상임금을 초과하는 경우 통상임금을 휴업수당으로 지급할 수 있다.

②제1항에도 불구하고 부득이한 사유로 사업을 계속하는 것이 불가능하여 노동위원회의 승인을 받은 경우에는 제1항의 기준에 못 미치는 휴업수당을 지급할 수 있다.

애를 말한다. 더 쉽게 말하면 업장 기계의 파손, 거래처의 계약위반이나 원자재 부족, 주문의 감소, 판매 부진, 전력공급 중단, 행정 관청의 조업 정지 명령 등과 같은 경우가 사장님의 귀책 사유에 해당한다.

다만 천재지변, 전쟁 등 불가항력적인 상황으로 사장님의 외적인 사유에 해당하는 것은 사장님의 귀책 사유에 해당하지 않는다. 그렇다면 사용하는 건물의 리모델링으로 어쩔 수 없이 휴업해야 하는 경우는 사장님의 세력범위 내에 있다고 보기에 어렵지 않을까? 아니다. 이것도 사장님의 세력범위 내에 있다고 할 수 있다. 즉, 사용하는 건물이 리모델링하여 업장을 쉬는 경우도 사장님의 귀책 사유로 휴업하는 것으로 본다. 그러므로 직원에게 휴업수당을 지급해야 한다.

그럼 휴업수당은 얼마를 지급해야 할까? 직원 평균임금의 70% 이상을 휴업수당으로 지급한다. 직원의 평균임금이 100만 원이라면 70만 원 이상을 휴업수당으로 지급해야 한다는 것이다. 직원 전체가 아닌 일부만 휴업하는 경우에는 마찬가지로 일부 직원에게만 휴업수당을 지급하여야 한다.

Q. 얼마 전에 한 직원이 면담 요청을 했습니다. 무슨 일인가 봤더니 매니저에게 지속적으로 성희롱을 당했다네요. 우리 업장에서 이런 일이 생긴 것이 어이가 없고, 성실한 매니저가 그런 일을 한 것이 믿기지 않습니다. 성희롱에 대해 예민한 시대라 잘 처리하고 싶은데 어떻게 해야 할까요?

소규모 업장에서 생긴 성희롱 사건에 대해 상담할 때가 있다. 이런 일이 생기면 대부분의 사장님은 오래 일한 직원의 말을 더 신뢰하며 사건이 있었다는 사실을 부인하거나, 사회생활하다 보면 그냥 그러려니 해야 한다고 말하거나, 더 심한 경우는 피해 당사자를 해고하기도 한다. 아마 성희롱에 대해 점점 더 예민한 시대이니 업장에서 문제삼는 직원의 싹을 잘라버리고 싶은 사장님의 마음이 아닐까 싶다.

①"우리 때는 더한 것도 겪었는데 그런 걸 문제 삼다니……. 너만 참으면 되
는데 왜 문제 삼고 그러니? 나는 매니저랑 오래 일했고, 또 믿기도 하고,
그냥 네가 일을 그만두는 것이 낫겠다."

성희롱 사건을 제보받은 경우 그냥 넘어가면 절대 안 된다. 업장 내
지위를 이용하거나 업무와 관련해 다른 직원에게 성적인 언동 등 성
적 굴욕감 또는 혐오감을 느끼게 하거나, 성적 언동 및 기타 요구에
대한 불응을 이유로 근로조건 및 고용상의 불이익을 주는 것을 성희
롱이라 한다.

"야, 바지만 입고 다닐 때는 몰랐는데 치마 입으니 다리 라인 엄청난데?!"

"어머, 이제 보니 엉덩이가 엄청 화나 있네. 한번 만져보고 싶게 생겼다."

"남자친구나 여자친구랑 진도는 어디까지 나갔어?"

어떤 외모 평가나 음담패설도 허용되지 않는다. SNS로 야한 사진을
전송하거나 동료 직원의 개인적인 성생활이나 관련 정보를 의도적으
로 단체 톡방에 올리는 것, 성적인 관계를 강요하는 것 등 모두 금지
된 언행이다.

업장 내에서 성희롱에 대한 제보를 받았을 때 간혹 업장의 단체 톡
방에 그 사실을 공유하여 경각심을 주려는 사장님이 있다. 법적으로
성희롱으로 인한 조사 중 알게 된 비밀을 누설하게 되면 500만 원 이
하의 과태료 처분을 받을 수 있다는 사실을 모르기 때문이다.

②성희롱 사실을 제보받았을 때 어떻게 해야 하나요?

①사장님은 성희롱이 발생했다는 사실을 제보받았거나 알게 되었을 때 바로 사실확인 조사를 해야 한다.

②그리고 조사 기간 동안 피해 직원이 원하면 근무장소를 변경해주 거나 유급휴가를 주어야 한다.

③조사 후 직장 내 성희롱이 발생한 것이 맞다고 확인되면 피해 직원 의 요청_근무장소의 변경, 배치전환, 유급휴가 명령 등을 들어주어야 한다.

④피해 직원이 가해 직원을 어떻게 징계했으면 좋겠는지 의견을 들 어본 후 그에 합당한 징계를 해야 한다.

⑤성희롱 발생 사실을 신고한 직원이나 피해 직원에게 불리한 처우 _해고, 직장 내 괴롭힘 등를 해서는 안 된다_이를 위반한 경우 3년 이하의 징역 또는 3천만 원 이하의 벌금형에 처해짐.

③이렇게 작은 업장에서 저 절차를 지켜야 한다고요?

법에 나와 있는 절차이니 당연히 지켜야 한다. 이를 까다롭게 생각 하지 말고 우선 피해 직원을 보호하는 것을 최우선으로 비밀유지와 앞으로 이런 일이 생기지 않도록 가해 직원에게 적절한 징계를 해야 한다는 사실을 잊지 말아야 한다.

업장에서 제보받은 성희롱 사건을 잘 처리하지 못하는 경우 피해 직원은 직장 내 성희롱 피해사실을 노동청에 진정할 수 있다. 사장님이 사건을 잘 처리하지 못하여 호미로 막을 일을 가래로 막을 일이 생길 수 있는 것이다.

성희롱이라는 단어를 우리 사회에서 민감한 단어로 평가하는 것을 알고 있다. 이런 분위기로 인해 사장님은 업장에서 그런 일이 일어났다는 것을 인정하고 싶지 않고, 어떻게 해서든 빨리 덮고 싶을 것이다. 그리고 피해 직원이 예민하다고 생각할 수도 있다. 하지만 <u>성희롱은 피해 직원이 가해 직원의 언행을 통해 성적 수치심이나 굴욕감을 느꼈다면 성희롱이 맞다.</u> 즉 그저 무심코 한 말이나 행동이 성희롱이 될 수 있다는 사실을 꼭 기억해야 한다. 또 성희롱 피해사실을 덮는 것보다 이를 잘 처리하는 것이 업장의 이미지를 좋게 만들고 추후에 피해를 입는 직원이 더 생기지 않는다는 사실을 잊지 말자!

PART
5

# 노동법
# 관련서류

# 표준근로계약서(기간의 정함이 없는 경우)

_____(이하 "사업주"라 함)과(와) _____(이하 "근로자"라 함)은 다음과 같이 근로계약을 체결한다.

1. 근로개시일 :    년   월   일부터
2. 근 무 장 소 :
3. 업무의 내용 :
4. 소정근로시간 : __시__분부터 __시__분까지(휴게시간 : 시  분~  시  분)
5. 근무일/휴일 : 매주 __일(또는 매일단위) 근무, 주휴일 매주 __요일
6. 임 금
   - 월(일, 시간)급 : _____원
   - 상여금 : 있음 (   ) _____원, 없음 (   )
   - 기타급여(제수당 등) : 있음 (   ), 없음 (   )
     · _____원, _____원
     · _____원, _____원
   - 임금 지급일 : 매월(매주 또는 매일)   일(휴일의 경우는 전일 지급)
   - 지급방법 : 근로자에게 직접지급(   ), 근로자 명의 예금통장에 입금(   )
7. 연차유급휴가
   - 연차유급휴가는 근로기준법에서 정하는 바에 따라 부여함
8. 사회보험 적용여부(해당란에 체크)
   ☐ 고용보험   ☐ 산재보험   ☐ 국민연금   ☐ 건강보험
9. 근로계약서 교부
   - 사업주는 근로계약을 체결함과 동시에 본 계약서를 사본하여 근로자의 교부요구와 관계없이 근로자에게 교부함(근로기준법 제17조 이행)
10. 근로계약, 취업규칙 등의 성실한 이행의무
   - 사업주와 근로자는 각자 근로계약, 취업규칙, 단체협약을 지키고 성실하게 이행해야 함
11. 기 타
   - 이 계약에 정함이 없는 사항은 근로기준법령에 의함

                          년   월   일

(사업주) 사업체명 :          ( 전화 :        )
        주   소 :
        대 표 자 :        (서명)
(근로자) 주   소 :
        연 락 처 :
        성   명 :        (서명)

# 표준근로계약서(기간의 정함이 있는 경우)

_____(이하 "사업주"라 함)과(와) _____(이하 "근로자"라 함)은 다음과 같이 근로계약을 체결한다.

1. 근로계약기간 : 　년　월　일부터　　년　월　일까지
2. 근 무 장 소 :
3. 업무의 내용 :
4. 소정근로시간 : __시__분부터 __시__분까지(휴게시간 : 　시　분~　시　분)
5. 근무일/휴일 : 매주 __일(또는 매일단위) 근무, 주휴일 매주 __요일
6. 임 금
　- 월(일, 시간)급 : _____원
　- 상여금 : 있음 (　) _____ 원, 없음 (　)
　- 기타급여(제수당 등) : 있음 (　), 없음 (　)
　　· _____원, 　_____원
　　· _____원, 　_____원
　- 임금 지급일 : 매월(매주 또는 매일) __일(휴일의 경우는 전일 지급)
　- 지급방법 : 근로자에게 직접지급(　), 근로자 명의 예금통장에 입금(　)
7. 연차유급휴가
　- 연차유급휴가는 근로기준법에서 정하는 바에 따라 부여함
8. 사회보험 적용여부(해당란에 체크)
　□ 고용보험 　□ 산재보험 　□ 국민연금 　□ 건강보험
9. 근로계약서 교부
　- 사업주는 근로계약을 체결함과 동시에 본 계약서를 사본하여 근로자의 교부요구와 관계없
　　이 근로자에게 교부함(근로기준법 제17조 이행)
10. 근로계약, 취업규칙 등의 성실한 이행의무
　- 사업주와 근로자는 각자 근로계약, 취업규칙, 단체협약을 지키고 성실하게 이행해야 함
11. 기 타
　- 이 계약에 정함이 없는 사항은 근로기준법령에 의함

　　　　　　　　　　　　　　　년　　월　　일

(사업주) 사업체명 : 　　　　　　　( 전화 : 　　　　　)
　　　　 주　　소 :
　　　　 대 표 자 : 　　　　(서명)
(근로자) 주　　소 :
　　　　 연 락 처 :
　　　　 성　　명 : 　　　　(서명)

# 연소근로자(18세 미만인 자) 표준근로계약서

____(이하 "사업주"라 함)과(와) ___(이하 "근로자"라 함)은 다음과 같이 근로계약을 체결한다.

1. 근로개시일 : 　　년　월　일부터
※ 근로계약기간을 정하는 경우에는 "　년　월　일부터　년　월　일까지" 등으로 기재

2. 근 무 장 소 :

3. 업무의 내용 :

4. 소정근로시간 : __시__분부터 __시__분까지(휴게시간 : 　시　분~　시　분)

5. 근무일/휴일 : 매주 __일(또는 매일단위) 근무, 주휴일 매주 __요일

6. 임 금
   - 월(일, 시간)급 : _____원
   - 상여금 : 있음 ( ) _____ 원, 없음 ( )
   - 기타급여(제수당 등) : 있음 ( ), 없음 ( )
     · _____원, _____원  · _____원, _____원
   - 임금 지급일 : 매월(매주 또는 매일) __일(휴일의 경우는 전일 지급)
   - 지급방법 : 근로자에게 직접지급( ), 근로자 명의 예금통장에 입금( )

7. 연차유급휴가
   - 연차유급휴가는 근로기준법에서 정하는 바에 따라 부여함

8. 가족관계증명서 및 동의서
   - 가족관계기록사항에 관한 증명서 제출 여부 : _____
   - 친권자 또는 후견인의 동의서 구비 여부 : _____

9. 사회보험 적용여부(해당란에 체크)

   □ 고용보험 □ 산재보험 □ 국민연금 □ 건강보험

10. 근로계약서 교부
    - 사업주는 근로계약을 체결함과 동시에 본 계약서를 사본하여 근로자의 교부요구와 관계없이 근로자에게 교부함(근로기준법 제17조, 제67조 이행)

11. 근로계약, 취업규칙 등의 성실한 이행의무
    - 사업주와 근로자는 각자 근로계약, 취업규칙, 단체협약을 지키고 성실하게 이행해야 함

11. 기 타
    - 13세 이상 15세 미만인 자에 대해서는 고용노동부 장관으로부터 취직인허증을 교부받아야 하며, 이 계약에 정함이 없는 사항은 근로기준법령에 의함

                              년    월    일

(사업주) 사업체명 :              ( 전화 :              )
        주　　소 :
        대 표 자 :            (서명)
(근로자) 주　　소 :
        연 락 처 :
        성　　명 :            (서명)

# 친권자(후견인) 동의서

○친권자(후견인) 인적사항
  성　명：
  생년월일：
  주　소：
  연 락 처：
  연소근로자와의 관계：


○ 연소근로자 인적사항
  성　명：　　　　　　(만　세)
  생년월일：
  주　소：
  연 락 처：

○ 사업장 개요
  회 사 명：
  회사주소：
  대 표 자：
  회사전화：

본인은 위 연소근로자 _____가 위 사업장에서 근로를 하는 것에 대하여 동의합니다.


년　월　일


친권자(후견인)　　　　　(인)


첨　부：가족관계증명서 1부

# 단시간근로자 표준근로계약서

____(이하 "사업주"라 함)과(와) ____(이하 "근로자"라 함)은 다음과 같이 근로계약을 체결한다.

1. 근로개시일 : 년 월 일부터

※근로계약기간을 정하는 경우에는 " 년 월 일부터 년 월 일까지" 등으로 기재

2. 근 무 장 소 :

3. 업무의 내용 :

4. 근로일 및 근로일별 근로시간

| | ( )요일 | ( )요일 | ( )요일 | ( )요일 | ( )요일 | ( )요일 |
|---|---|---|---|---|---|---|
| 근로시간 | 시간 | 시간 | 시간 | 시간 | 시간 | 시간 |
| 시업 | 시 분 | 시 분 | 시 분 | 시 분 | 시 분 | 시 분 |
| 종업 | 시 분 | 시 분 | 시 분 | 시 분 | 시 분 | 시 분 |
| 휴게시간 | 시 분 ~ 시 분 | 시 분 ~ 시 분 | 시 분 ~ 시 분 | 시 분 ~ 시 분 | 시 분 ~ 시 분 | 시 분 ~ 시 분 |

ㅇ 주휴일 : 매주 ____요일

5. 임 금

 - 시간(일, 월)급 : _____원(해당사항에 ○표)

 - 상여금 : 있음 ( ) _____ 원, 없음 ( )

 - 기타 급여(제수당 등): 있음 _____ 원(내역별 기재), 없음 ( )

 - 초과근로에 대한 가산임금률: _____%

 ※ 단시간근로자와 사용자 사이에 근로하기로 정한 시간을 초과하여 근로하면 법정 근로시간 내라도 통상임금의 100분의 50% 이상의 가산임금 지급('14.9.19. 시행)

 - 임금 지급일 : 매월(매주 또는 매일) ___일(휴일의 경우는 전일 지급)

 - 지급방법 : 근로자에게 직접지급( ), 근로자 명의 예금통장에 입금( )

6. 연차유급휴가: 통상근로자의 근로시간에 비례하여 연차유급휴가 부여

7. 사회보험 적용여부(해당란에 체크)

 ☐ 고용보험 ☐ 산재보험 ☐ 국민연금 ☐ 건강보험

8. 근로계약서 교부

 - 사업주는 근로계약을 체결함과 동시에 본 계약서를 사본하여 근로자의 교부요구와 관계없이 근로자에게 교부함(근로기준법 제17조 이행)

9. 근로계약, 취업규칙 등의 성실한 이행의무

 - 사업주와 근로자는 각자 근로계약, 취업규칙, 단체협약을 지키고 성실하게 이행하여야 함

10. 기 타

 - 이 계약에 정함이 없는 사항은 근로기준법령에 의함

년 월 일

(사업주) 사업체명 : ( 전화 : )

 주 소 : 대 표 자 : (서명)

(근로자) 주 소 :

 연 락 처 : 성 명 : (서명)

◁◁ 단시간근로자의 경우 "근로일 및 근로일별 근로시간"을 반드시 기재하여야 합니다. 다양한 사례가 있을 수 있어, 몇 가지 유형을 예시하오니 참고하시기 바랍니다. ▷▷

ㅇ (예시①) 주 5일, 일 6시간(근로일별 근로시간 같음)
- 근로일 : 주 5일, 근로시간 : 매일 6시간
- 시업 시각 : 09시 00분, 종업 시각 : 16시 00분
- 휴게 시간 : 12시 00분부터 13시 00분까지
- 주휴일 : 일요일


ㅇ (예시②) 주 2일, 일 4시간(근로일별 근로시간 같음)
- 근로일 : 주 2일(토, 일요일), 근로시간 : 매일 4시간
- 시업 시각 : 20시 00분, 종업 시각 : 24시 30분
- 휴게 시간 : 22시 00분부터 22시 30분까지
- 주휴일 : 해당 없음


ㅇ (예시③) 주 5일, 근로일별 근로시간이 다름

|  | 월요일 | 화요일 | 수요일 | 목요일 | 금요일 |
|---|---|---|---|---|---|
| 근로시간 | 6시간 | 3시간 | 6시간 | 3시간 | 6시간 |
| 시업 | 9시 00분 | 9시 00분 | 9시 00분 | 9시 00분 | 9시 00분 |
| 종업 | 16시 00분 | 12시 00분 | 16시 00분 | 12시 00분 | 16시 00분 |
| 휴게 시간 | 12시 00분 ~ 13시 00분 | - | 12시 00분 ~ 13시 00분 | - | 12시 00분 ~ 13시 00분 |

- 주휴일 : 일요일

ㅇ (예시④) 주 3일, 근로일별 근로시간이 다름

|  | 월요일 | 화요일 | 수요일 | 목요일 | 금요일 |
|---|---|---|---|---|---|
| 근로시간 | 4시간 | - | 6시간 | - | 5시간 |
| 시업 | 14시 00분 | - | 10시 00분 | - | 14시 00분 |
| 종업 | 18시 30분 | - | 17시 00분 | - | 20시 00분 |
| 휴게 시간 | 16시 00분 ~ 16시 30분 | - | 13시 00분 ~ 14시 00분 | - | 18시 00분 ~ 19시 00분 |

- 주휴일 : 일요일

※ 기간제·단시간근로자 주요 근로조건 서면 명시 의무 위반 적발 시 과태료
   (인당 500만 원 이하) 즉시 부과에 유의('14.8.1.부터)

# 표준근로계약서
# Standard Labor Contract_앞쪽

아래 당사자는 다음과 같이 근로계약을 체결하고 이를 성실히 이행할 것을 약정한다.
The following parties to the contract agree to fully comply with the terms of the contract stated hereinafter.

| 사용자<br>Employer | 업체명 Name of the enterprise | | 전화번호 Phone number | |
|---|---|---|---|---|
| | 소재지 Location of the enterprise | | | |
| | 성명 Name of the employer | | 사업자등록번호(주민등록번호)<br>Identification number | |
| 근로자<br>Employee | 성명 Name of the employee | | 생년월일 Birthdate | |
| | 본국 주소 Address(Home Country) | | | |
| 1.근로계약기간 | - 신규 또는 재입국자: (      ) 개월<br>- 사업장변경자:        년  월  일~     년  월  일<br>*수습기간: [ ]활용(입국일부터 [ ]1개월 [ ]2개월 [ ]3개월 [ ]개월) [ ]미활용<br>※신규 또는 재입국자의 근로계약기간은 입국일부터 기산함(다만, 「외국인근로자의 고용 등에 관한 법률」제18조의4 제1항에 따라 재입국(성실재입국)한 경우는 입국하여 근로를 시작한 날부터 기산함). | | | |
| 1.Term of<br>Labor contract | - Newcomer or Re-entering employee: (      ) month(s)<br>- Employee who changed workplace: from (          YY/MM/DD) to (          YY/MM/DD)<br>*Probation period: [ ] Included (for [ ] 1 month [ ] 2 months [ ] 3 months from entry date<br>- or specify other: _____), [ ] Not included<br>※The employment term for newcomers and re-entering employees will begin on their date of arrival in Korea, while the employment of those who re-entered through the committed workers' system will commence on their first day of work as stipulated in Article 18-4 (1) of Act on Foreign Workers' Employment, etc. | | | |
| 2.근로장소 | ※근로를 이 계약서에서 정한 장소 외에서 근로하게 해서는 안 됨. | | | |
| 2.Place of<br>employment | ※The undersigned employee is not allowed to work apart from the contract enterprise. | | | |
| 3.업무내용 | - 업종:<br>- 사업내용:<br>- 직무내용:                         (외국인근로자가 사업장에서 수행할 구체적인 업무를 반드시 기재) | | | |
| 3.Description<br>of work | - Industry:<br>- Business description:<br>- Job description:          (Detailed duties and responsibilities of the employee must be stated) | | | |
| 4.근로시간 | 시  분 ~ 시  분<br>- 1일 평균 시간외 근로시간:    시간(사업장 사정에 따라 변동 가능:    시간 이내)<br>- 교대제 ([ ]2조2교대, [ ]3조3교대, [ ]4조3교대, [ ]기타) | | ※ 가사사용인, 개인간<br>병인의 경우에는 기재<br>를 생략할 수 있음. | |
| 4.Working<br>hours | from (      )  to (      )<br>- average daily over time: _____ hours<br>(changeable depending on the condition of a company): up to _____ hours)<br>- shift system ([ ]2groups 2shifts, [ ]3groups 3shifts, [ ]4groups 3shifts, [ ]etc.) | | ※ An employer of<br>workers in domestic<br>help, nursing can<br>omit the working<br>hours. | |
| 5.휴게시간 | 1일   분 | | | |
| 5.Recess hours | (      ) minutes per day | | | |
| 6.휴일 | [ ]일요일 [ ]공휴일([ ]유급 [ ]무급)          [ ]매주 토요일 [ ]격주 토요일, [ ]기타(    ) | | | |
| 6.Holidays | [ ]Sunday [ ]Legal holiday([ ]Paid [ ]Unpaid)<br>[ ]Every saturday [ ]Every other Saturday [ ]etc.(    ) | | | |
| 7.임금 | 1) 월 통상임금      (      )원<br>- 기본급[(월, 시간, 일, 주)급] (      )원<br>- 고정적 수당: (    수당 :      원), (    수당:      원)     - 상여금 (      원)<br>*수습기간 중 임금 (      )원, 수습 시작일부터 3개월 이내 근무기간 (      )원<br>2) 연장, 야간, 휴일근로에 대해서는 통상임금의 50%를 가산하여 수당 지급(상시근로자 4인 이하 사업장에는 해당되지 않음) | | | |

| 7. Payment | 1) Monthly Normal wages ( )won<br>– Basic pay[(Monthly, hourly, daily, weekly) wage] ( )won<br>– Fixed benefits: ( benefits : )won, ( benefits : )won<br>– Bonus: ( )won<br>*Wage during probation \:( )won, but for up to the first 3 months of probation period: ( ) won<br>2) Overtime, night shift or holiday will be paid 50% more than the employee's regular rate of pay(This is not applicable to business with 4 or less employees). |
|---|---|
| 8. 임금지급일 | 매월 ( )일 또는 매주 ( )요일. 다만, 임금 지급일이 공휴일인 경우에는 전날에 지급함. |
| 8. Payment date | Every ( )th day of the month or every ( ) day of the week. If the payment date falls on a holiday, the payment will be made on the day before the holiday. |
| 9. 지급방법 | [ ]직접 지급, [ ]통장 입금<br>※사용자는 근로자 명의로 된 예금통장 및 도장을 관리해서는 안 됨. |
| 9. Payment methods | [ ]In person, [ ]By direct deposit transfer into the employee's account<br>※The employer must not keep the bankbook and the seal of the employee. |
| 10. 숙식제공 | 1) 숙박시설 제공<br>– 숙박시설 제공 여부: [ ]제공 [ ]미제공<br>　제공 시, 숙박시설의 유형([ ]주택, [ ]고시원, [ ]오피스텔, [ ]숙박시설(여관, 호스텔, 펜션 등),<br>　[ ]컨테이너, [ ]조립식 패널, [ ]사업장 건물, 기타 주택형태 시설( ),<br>– 숙박시설 제공 시 근로자 부담금액: 매월　원<br>2) 식사 제공<br>– 식사 제공 여부: 제공([ ]조식, [ ]중식, [ ]석식) [ ]미제공<br>– 식사 제공 시 근로자 부담금액: 매월　원<br>※ 근로자 비용 부담 수준은 사용자와 근로자 간 협의(신규 또는 재입국자의 경우 입국 이후)에 따라 별도 결정. |
| 10. Accommodations and Meals | 1) Provision of accommodations<br>– Provision of accommodations: [ ]Provided, [ ]Not provided<br>　(If provided, accommodation types: [ ]Detached houses, [ ]Goshiwans, [ ]Studio-flats, [ ]Lodging facilities (such as motels, hostels and pension hotels etc.), [ ]Container boxes, [ ] SIP panel constructions, [ ]Rooms within the business building – or specify other housing or boarding facilities _____.)<br>– Cost of accommodation paid by employee:　won/month<br>2) Provision of meals<br>– Provision of meals: [ ]Provided([ ]breakfast, [ ]lunch, [ ]dinner), [ ] Not provided<br>– Cost of meals paid by employee:　won/month<br>※The amount of costs paid by employee, will be determined by mutual consultation between the employer and employee(Newcomers and re-entering employees will consult with their employers after arrival in Korea). |

11. 사용자와 근로자는 각자가 근로계약, 취업규칙, 단체협약을 지키고 성실하게 이행해야 한다.

11. Both employees and employers shall comply with collective agreements, rules of employment, and terms of labor contracts and be obliged to fulfill them in good faith.

12. 이 계약에서 정하지 않은 사항은 「근로기준법」에서 정하는 바에 따른다.
　※가사서비스업 및 개인간병인에 종사하는 외국인근로자의 경우 근로시간, 휴일 · 휴가, 그 밖에 모든 근로조건에 대해 사용자와 자유롭게 계약을 체결하는 것이 가능합니다.

12. Other matters not regulated in this contract will follow provisions of the Labor Standards Act.
　※The terms and conditions of the labor contract for employees in domestic help and nursing can be freely decided through the agreement between an employer and an employee.

　　　　　　　　　　　　　　　　　　　　　　　　　　　　년　　　월　　　일
　　　　　　　　　　　　　　　　　　　　　　　　_____ (YY/MM/DD)

　　　　　　　　　사용자:　　　(서명 또는 인)
　　　　　　　　　Employer:　　　(signature)
　　　　　　　　　근로자:　　　(서명 또는 인)
　　　　　　　　　Employee:　　　(signature)

225

# 표준근로계약서(농업·축산업·어업 분야)
# Standard Labor Contract
## (For Agriculture, Livestock and Fishery Sectors) 앞쪽

아래 당사자는 다음과 같이 근로계약을 체결하고 이를 성실히 이행할 것을 약정한다.
The following parties to the contract agree to fully comply with the terms of the contract stated hereinafter.

| | | |
|---|---|---|
| 사용자<br>Employer | 업체명 Name of the enterprise | 전화번호 Phone number |
| | 소재지 Location of the enterprise | |
| | 성명 Name of the employer | 사업자등록번호(주민등록번호) Identification number |
| 근로자<br>Employee | 성명 Name of the employee | 생년월일 Birthdate |
| | 본국 주소 Address(Home Country) | |
| 1.근로계약기간 | – 신규 또는 재입국자: ( ) 개월<br>– 사업장변경자: 년 월 일 ~ 년 월 일<br> *수습기간: [ ]활용(입국일부터 [ ]1개월 [ ]2개월 [ ]3개월 [ ]개월), [ ]미활용<br>※신규 또는 재입국자의 근로계약기간은 입국일부터 기산함(다만, 「외국인근로자의 고용 등에 관한 법률」 제18조의4 제1항에 따라 재입국(성실재입국)한 경우는 입국하여 근로를 시작한 날부터 기산함). | |
| 1.Term of<br>Labor contract | – Newcomer or Re-entering employee: ( ) month(s)<br>– Employee who changed workplace: from (   YY/MM/DD) to (   YY/MM/DD)<br> *Probation period: [ ] Included (for [ ] 1 month [ ] 2 months [ ] 3 months from entry date<br> – or specify other: _____.), [ ] Not included<br>※The employment term for newcomers and re-entering employees will begin on their date of arrival in Korea, while the employment of those who re-entered through the committed workers' system will commence on their first day of work as stipulated in Article 18-4 (1) of Act on Foreign Workers' Employment, etc. | |
| 2.근로장소 | ※근로자를 이 계약서에서 정한 장소 외에서 근로하게 해서는 안 됨. | |
| 2.Place of<br>employment | ※The undersigned employee is not allowed to work apart from the contract enterprise. | |
| 3.업무내용 | – 업종:<br>– 사업내용:<br>– 직무내용:<br>※외국인근로자가 사업장에서 실제 수행하게 될 구체적인 업무를 반드시 상세하게 기재합니다.<br>(예시, 딸기 재배, 돼지사육 및 축사관리, 어로작업 및 굴양식 등) | |
| 3.Description<br>of work | – Industry:<br>– Business description:<br>– Job description:    ※ Detailed duties and responsibilities of the employee must be stated.<br>(e.g. strawberry growing, pig care and barn management, fishing and oyster farming, etc.) | |
| 4.근로시간 | – 시 분 ~ 시 분    – 월 ( )시간<br>※농번기, 농한기(어업의 경우 성어기, 휴어기), 계절·기상 요인에 따라 ( )시간 내에서 변경 가능 | *「근로기준법」 제63조에 따른 농림, 축산, 양잠, 수산 사업의 경우 같은 법에 따른 근로시간, 휴게, 휴일에 관한 규정은 적용받지 않음.<br><br>*In pursuant to the Article 63 of the Labor Standards Act, working hours, recess hours, off-days are not applied to agriculture, forestry, livestock breeding, silk-raising farming and marine product businesses. |
| 4.Working<br>hours | – Regular working hours: from to    – ( ) hours/month<br>※Daily working hours are changeable up to ( ) hours depending on seasonal work availability and climate changes for the agriculture and fishing industry (e.g. peak and off-seasons) | |
| 5.휴게시간 | 1일 ( )회, ( )시간 ( )분 | |
| 5.Recess hours | ( ) times for a total of ( ) hour(s) ( ) minute(s) per day | |
| 6.휴일 | [ ] 주1회, [ ] 월1회, [ ] 월2회, [ ] 월3회, [ ] 기타 ( )<br>※휴일은 정기적으로 부여하는 것을 원칙으로 하되, 당사자가 협의하여 날짜를 조정할 수 있음.<br>농번기(성어기) : [ ]주1회, [ ]월1회, [ ]월2회, [ ]월3회, [ ]기타 ( ) | |
| 6.Holidays | [ ] 1 time/week, [ ] 1 time/month, [ ] 2 times/month, [ ] 3 times/ month [ ], etc. ( )<br>※Holidays should be given on a regular basis, the employer and employee can change the date through consultation.<br>Peak seasons : [ ] 1 time/week, [ ] 1 time/month, [ ] 2 times/month, [ ] 3 times/month, [ ] etc. ( ) | |

| | |
|---|---|
| 7.임금 | 1) [ ]주급, [ ]시간급, [ ]일급, [ ]월급:　　　원<br>2) 상여금 및 수당: [ ]지급(상여금:　　　원, 수당:　　　원), [ ]미지급<br>　*수습기간 중 임금 (　　　)원, 수습시작일부터 3개월 이내 근무기간 (　　　)원<br>　*근로시간에서 정한 시간을 넘는 연장근로에 대해 시간당 (　　)원을 지급함.<br>　※야간근로(당일 22:00~다음날 06:00)에 대해서는 통상임금의 50%를 가산임금으로 지급해야 함<br>　(상시근로자 4인 이하 사업장에는 해당되지 않음) |
| 7. Payment | 1) Wage:　　　won / ([ ]Weekly /[ ]Hourly /[ ]Daily /[ ]Monthly)<br>2) Bonus or extra pay: [ ]Paid, [ ]Unpaid<br>　If paid, (bonus:　　　won, extra pay:　　　won)<br>　*Wage during probation period: (　　)won, but for up to the first 3 months of probation period:<br>　(　　) won<br>　*The employee will be paid at the overtime rate of (　　　) won/hour.<br>　※A Night shift (from 10PM to 6AM on the next day) will be paid 50% more than the<br>　employee's regular rate of pay (This is not applicable to businesses with 4 or less employees). |
| 8. 임금지급일 | 매월 (　　)일 또는 매주 (　　)요일. 다만, 임금 지급일이 공휴일인 경우에는 전날에 지급함. |
| 8. Payment date | Every (　　)th day of the month or every (　　day) of the week. If the payment day falls on a holiday, the payment will be made on the day before the holiday. |
| 9. 지급방법 | [ ]직접 지급, [ ]통장 입금<br>※사용자는 근로자 명의로 된 예금통장 및 도장을 관리해서는 안 됨. |
| 9. Payment methods | [ ]In person, [ ]By direct deposit transfer into the employee's account<br>※The employer must not keep the bank book and the seal of the employee. |
| 10. 숙식제공 | 1) 숙박시설 제공<br>　– 숙박시설 제공 여부: [ ]제공  [ ]미제공<br>　　제공 시, 숙박시설의 유형: [ ]주택, [ ]고시원, [ ]오피스텔, [ ]숙박시설(여관, 호스텔, 펜션 등),<br>　　[ ]컨테이너, [ ]조립식 패널, [ ]사업장 건물, 기타 주택형태 시설(　　　　)<br>　– 숙박시설 제공 시 근로자 부담금액: 매월　　　원<br>2) 식사 제공<br>　– 식사 제공 여부: 제공([ ]조식, [ ]중식, [ ]석식), [ ]미제공<br>　– 식사 제공 시 근로자 부담금액: 매월　　　원<br>※ 근로자의 비용 부담 수준은 사용자와 근로자 간 협의(신규 또는 재입국자의 경우 입국 이후)에 따라 별도 결정. |
| 10. Accommo-dations and Meals | 1) Provision of accommodations<br>　– Provision of accommodation: [ ]Provided, [ ]Not provided<br>　(If provided, accommodation types: [ ]Detached houses, [ ]Goshiwans, [ ]Studio-flats,<br>　[ ]Lodging facilities (such as motels, hostels and pension hotels etc.), [ ]Container boxes, [ ]<br>　SIP panel constructions, [ ]Rooms within the business building – or specify other housing or<br>　boarding facilities _____.)<br>　– Cost of accommodation paid by employee:　　　won/month<br>2) Provision of meals<br>　– Provision of meals: [ ]Provided([ ]breakfast, [ ]lunch, [ ]dinner), [ ] Not provided<br>　– Cost of meals paid by employee:　　　won/month<br>※The amount of costs paid by employee, will be determined by mutual consultation between the employer and employee(Newcomers and re-entering employees will consult with their employers after arrival in Korea). |

11. 사용자와 근로자는 각자가 근로계약, 취업규칙, 단체협약을 지키고 성실하게 이행하여야 한다.

11. Both employees and employers shall comply with collective agreements, rules of employment, and terms of labor contracts and be obliged to fulfill them in good faith.

12. 이 계약에서 정하지 않은 사항은 「근로기준법」에서 정하는 바에 따른다.

12. Other matters not regulated in this contract will follow provisions of the Labor Standards Act.

년　　　월　　　일<br>_____ (YY/MM/DD)

| | | |
|---|---|---|
| 사용자: | (서명 또는 인) |
| Employer: | (signature) |
| 근로자: | (서명 또는 인) |
| Employee: | (signature) |

# 건설일용근로자 표준근로계약서

_____ (이하 "사업주"라 함)과(와) _____ (이하 "근로자"라 함)은 다음과 같이 근로계약을
체결한다.

1. 근로계약기간 :      년    월    일부터     년    월    일까지
※ 근로계약기간을 정하지 않는 경우에는 "근로개시일"만 기재
2. 근 무 장 소 :
3. 업무의 내용(직종) :
4. 소정근로시간 :    시    분부터    시    분까지 (휴게시간 :   시   분~   시   분)
5. 근무일/휴일 : 매주    일(또는 매일단위) 근무, 주휴일 매주    요일(해당자에 한함)
    ※주휴일은 1주간 소정근로일을 모두 근로한 경우에 주당 1일을 유급으로 부여
6. 임 금
    - 월(일, 시간)급 :           원(해당사항에 ○표)
    - 상여금 : 있음 (   )           원, 없음 (   )
    - 기타 제수당(시간외·야간·휴일근로수당 등):           원(내역별 기재)
    ·시간외 근로수당:          원(월       시간분)
    ·야  간 근로수당:          원(월       시간분)
    ·휴  일 근로수당:          원(월       시간분)
    - 임금 지급일 : 매월(매주 또는 매일)    일(휴일의 경우는 전일 지급)
    - 지급방법 : 근로자에게 직접지급(   ), 근로자 명의 예금통장에 입금(   )
7. 연차유급휴가
    - 연차유급휴가는 근로기준법에서 정하는 바에 따라 부여함
8. 사회보험 적용여부(해당란에 체크)
    ☐ 고용보험   ☐ 산재보험   ☐ 국민연금   ☐ 건강보험
9. 근로계약서 교부
    - 사업주는 근로계약을 체결함과 동시에 본 계약서를 사본하여 근로자의 교부요구와 관계없
    이 근로자에게 교부함(근로기준법 제17조 이행)
10. 근로계약, 취업규칙 등의 성실한 이행의무
    - 사업주와 근로자는 각자 근로계약, 취업규칙, 단체협약을 지키고 성실하게 이행해야 함
11. 기 타
    - 이 계약에 정함이 없는 사항은 근로기준법령에 의함

                        년    월    일

(사업주) 사업체명 :              (전화 :          )
         주    소 :
         대 표 자 :              (서명)
(근로자) 주    소 :
         연 락 처 :
         성    명 :              (서명)

# 근 로 자 명 부

| 성 명 | | 생년월일 | | |
|---|---|---|---|---|
| 주 소 | | (전화 : ) | | |
| 부양가족 | 명 | 종사업무 | | |
| 이력 | 기능 및 자격 | | 퇴직 | 해고일 | 년 월 일 |
| | 최종 학력 | | | 퇴직일 | 년 월 일 |
| | 경력 | | | 사유 | |
| | 병역 | | | 금품청산 등 | |
| 고용일(계약기간) | 년 월 일 | 근로계약갱신일 | | 년 월 일 |
| 근로계약조건 | | | | |
| 특기사항 | (교육, 건강, 휴직 등) | | | |

## 근태기록대장 (　　년　　월)

| 입사일 | | 소 속 | | 성 명 | |
|---|---|---|---|---|---|

| 날짜 | 1 | 2 | 3 | 4 | 5 | 6 | 7 | 8 | 9 | 10 | 11 | 12 | 13 | 14 | 15 | 16 |
|---|---|---|---|---|---|---|---|---|---|---|---|---|---|---|---|---|
| 요일 | | | | | | | | | | | | | | | | |
| 출근시간 | | | | | | | | | | | | | | | | |
| 퇴근시간 | | | | | | | | | | | | | | | | |
| 특이사항 | | | | | | | | | | | | | | | | |

| 날짜 | 17 | 18 | 19 | 20 | 21 | 22 | 23 | 24 | 25 | 26 | 27 | 28 | 29 | 30 | 31 |
|---|---|---|---|---|---|---|---|---|---|---|---|---|---|---|---|
| 요일 | | | | | | | | | | | | | | | |
| 출근시간 | | | | | | | | | | | | | | | |
| 퇴근시간 | | | | | | | | | | | | | | | |
| 특이사항 | | | | | | | | | | | | | | | |

※ 특이사항 : 해당 일 직원의 휴가, 지각, 조퇴, 외출, 교육, 출장, 연장근로 등의 근태사항을 기록

| 근태사항<br>· 근무일수<br>총___일 | 근무일수 | 출근일수 | 출근횟수 |
|---|---|---|---|
| | 휴가일수 | 조퇴횟수 | 외출횟수 | 교육횟수 |
| | 지각횟수 | 외출횟수 | 기　타 |
| | | 연장근로횟수 | |

사장 확인 서명 :　　　　　　(인)　　　　　　직원 확인 서명 :　　　　　　(인)

# 임 금 대 장

| 성명 | 생년월일 | 기능 및 자격 | 고용연월일 | 종사업무 | 임금계산기초사항 | | | 가족수당계산기초사항 | | |
|---|---|---|---|---|---|---|---|---|---|---|
| | | | | | 기본시간급 | 기본일급 | 기본월급 | 부양가족수 | 1인당 지급액 | 계산시간 |

| 구분 / 월별 | 근로 일수 | 근로 시간수 | 연장 근로 시간수 | 휴일 근로 시간수 | 야간 근로 시간수 | 기본급 | 여러 가지 수당 | | | | 기본월급 | 그 밖의 임금 | | 총액 | 공제액 | 영수액 | 영수인 |
|---|---|---|---|---|---|---|---|---|---|---|---|---|---|---|---|---|---|
| | | | | | | | 가족 수당 | 연장 근로 수당 | 휴일 근로 수당 | 야간 근로 수당 | 기타 | 현금 | 현물 | | | | |
| | | | | | | | | | | | | | 품명 | 수량 평가액 | | | | | |
| | | | | | | | | | | | | | | | | | |
| | | | | | | | | | | | | | | | | | |
| | | | | | | | | | | | | | | | | | |
| | | | | | | | | | | | | | | | | | |
| | | | | | | | | | | | | | | | | | |
| | | | | | | | | | | | | | | | | | |
| | | | | | | | | | | | | | | | | | |
| | | | | | | | | | | | | | | | | | |
| | | | | | | | | | | | | | | | | | |
| | | | | | | | | | | | | | | | | | |
| | | | | | | | | | | | | | | | | | |

# 휴 가 계

| 성 명 | |
|---|---|
| 생년월일 | |
| 소 속 | |
| 직 위 | |
| 연 락 처 | |
| 비상연락망 | |
| 기 간 | 년   월   일 ~   년   월   일 |
| 사 유 | [연차, 조퇴, 결근, 훈련, 교육, 병가, 기타] |

위와 같이 휴가계를 제출합니다.

년   월   일

제출자          (인)

## ○○주 식 회 사 (회사명) 귀중

# 외출 신청서

| 성 명 | | 생년월일 | |
|---|---|---|---|
| 부서명 | | 직 위 | |
| 사 유 | | | (업무, 개인용무) |
| 기 간 | | 년 월 일 시 분<br>~ 년 월 일 시 분 | |
| 사 유 | | | |

위와 같이 외출을 허락하여 주시기 바랍니다.

년 월 일

작성자 :              (인)

승인자 :              (인)

# 연차유급휴가 신청서

| 성 명 | | 생년월일 | |
|---|---|---|---|
| 부 서 명 | | 직 위 | |
| 기 간 | | 년 월 일 시 분<br>~ 년 월 일 시 분 | |

상기 본인은 　년 월 일 ~ 　년 월 일까지

총 ( )일간 연차유급휴가를 신청하오니 처리하여 주시기 바랍니다.

년 월 일

작성자 : (인)

# 연차유급휴가 대체 합의서

㈜_____(이하 "회사"라 함)과 근로자대표 _____는 근로기준법 제62조(유급휴가의 대체) 규정에 의거하여 다음과 같이 연차휴가대체에 합의한다.

- 다　　음 -

**제1조(적용대상)** 회사에 재직 중인 전 직원

**제2조(적용기간)**

①_____년 __월 __일 ~ _____년 __월 __일
②위 기간 만료 전까지 당사자 간 이견이 없는 경우 다음연도 12월 31일까지 자동 갱신되는 것으로 하며, 그 이후에도 같다.

**제3조(연차유급휴가 사용일)**

①회사에 재직 중인 아래의 표에 기재된 날에 휴무하는 경우 연차유급휴가를 사용한 것으로 한다.

| 항목 | 사용일자 | |
|------|---------|---|
| 설날 | | 일 |
| 추석 | | 일 |
| | | 일 |
| | | 일 |
| 합계 | | 일 |

②전항의 휴가 사용일이 휴일과 중복되는 경우는 연차휴가를 사용한 것으로 보지 아니한다.
③본 합의에도 불구하고 본조 제1항 각 호의 날에 출근하여 근로한 근로자에 대해서는 연차휴가를 사용한 것으로 보지 아니한다.

**제4조(휴가일 변경)**

회사는 업무형편상 부득이한 사유가 있을 때에는 근로자대표와 협의하여 제3조의 휴가 사용일을 변경할 수 있다.

년　월　일

| 사 용 자 | | 근로자 대표 | |
|---------|---|-----------|---|
| 사 업 체 명 | | 연 락 처 | |
| 주　　소 | | 주　　소 | |
| 대 표 이 사 | (인) | 성　　명 | (인 또는 서명) |

# 근로자대표 선임 동의서

제 출 일 : _____ 년 _____ 월 _____ 일
총 근 로 자 : 총 _____ 명 / 동의 근로자 _____ 명

□ 근로자대표 인적사항

| 성 명 | 생년월일 | 성 별 | 소 속 | 직 위 |
|------|--------|------|------|------|
|      |        |      |      |      |

아래 ㈜OOOO의 직원들은 노동관련법상의 근로기준법에서 정하는 「회사가 근로자대표와의 합의사항에 관한 권한」에 대하여 상기인을 대표권한을 지닌 근로자대표로 선임함에 동의하며 이를 확인하기 위하여 다음과 같이 서명·날인합니다.

20 년 월 일

(동의자 명부)

| 연번 | 근로자 성명 | 생년월일 | 동의여부(O,X) | 서명·날인 |
|------|-----------|--------|-------------|----------|
|      |           |        |             |          |
|      |           |        |             |          |
|      |           |        |             |          |
|      |           |        |             |          |
|      |           |        |             |          |
|      |           |        |             |          |
|      |           |        |             |          |
|      |           |        |             |          |
|      |           |        |             |          |
|      |           |        |             |          |
|      |           |        |             |          |
|      |           |        |             |          |
|      |           |        |             |          |

# 미사용 연차유급휴가일수 통지 및 사용시기 지정요청

| 성 명 | 생년월일 | 직 위 |
|---|---|---|
| | | |

| 연차휴가<br>발생대상 기간 | 연차휴가<br>사용대상 기간 | 발생<br>연차(A) | 사용<br>연차(B) | 미사용<br>(A-B) |
|---|---|---|---|---|
| 2018.1.1 ~ 2018.12.31 | 2019.1.1 ~ 2019.12.31 | | | |

_____의 통지일 현재 사용 가능한 미사용 연차유급휴가일수는 _____일임을 알려드립니다.

_____년 ____월 ____일까지 미사용 연차유급휴가일수의 사용시기를 지정하여 붙임서식을 작성하여 (매니저, 사장)에게 서면 통보 주실 것을 알려드리는 바입니다.

동 기한 내에 붙임 서식에 의한 "미사용 연차유급휴가 사용시기 지정 통보"가 제출되지 아니한 경우 관련 법령에 의해 추후 사용자(혹은 매장, 회사)가 임의 지정할 예정이며, 그럼에도 불구하고 사용하지 아니한 연차유급휴가일수에 대하여는 향후 연차유급휴가 수당이 지급되지 않음을 알려드리니 유념하시기 바랍니다.

_____년 ____월 ____일

매장이름 _____

# 미사용 연차유급휴가 사용시기 계획 통보서

| 성 명 | 생 년 월 일 | 직 위 |
|---|---|---|
|  |  |  |

　　　년　　　월　　　일 통지받은 "미사용 연차유급휴가일수" 및 "휴가사용시기 지정통보 촉구"에 의하여 아래와 같이 본인의 미사용 연차유급휴가 사용시기를 지정하여 통보합니다.

- 아　　　래 -

### 1. 통지받은 내역

| 연차휴가 발생대상 기간 | 연차휴가 사용대상 기간 | 발생 연차(A) | 사용 연차(B) | 미사용 (A-B) |
|---|---|---|---|---|
| 2018.1.1 ~ 2018.12.31 | 2019.1.1 ~ 2019.12.31 |  |  |  |

### 2. 미사용 연차유급휴가 사용시기 지정통보내역 (추후 변경 가능)

| 구 분 | 사용시기 지정일 | 비고 | 구 분 | 사용시기 지정일 | 비고 |
|---|---|---|---|---|---|
| 7월 |  |  | 10월 |  |  |
| 8월 |  |  | 11월 |  |  |
| 9월 |  |  | 12월 |  |  |

　　　　　　년 　　　월 　　　일

제출자 _____(인)

매장이름 _____

# 연차유급휴가 사용대장(    년)

| 연번 | 성명 | 입사일 | 연차휴가 발생일수 | 연차 가산일수 | 월별 연차휴가 사용내역 | | | | | | | | | | | | 연차휴가 잔여일수 | 비고 |
|---|---|---|---|---|---|---|---|---|---|---|---|---|---|---|---|---|---|---|
| | | | | | 1월 | 2월 | 3월 | 4월 | 5월 | 6월 | 7월 | 8월 | 9월 | 10월 | 11월 | 12월 | | |
| 1 | | | | | | | | | | | | | | | | | | |
| 2 | | | | | | | | | | | | | | | | | | |
| 3 | | | | | | | | | | | | | | | | | | |
| 4 | | | | | | | | | | | | | | | | | | |
| 5 | | | | | | | | | | | | | | | | | | |
| 6 | | | | | | | | | | | | | | | | | | |
| 7 | | | | | | | | | | | | | | | | | | |
| 8 | | | | | | | | | | | | | | | | | | |
| 9 | | | | | | | | | | | | | | | | | | |
| 10 | | | | | | | | | | | | | | | | | | |
| 11 | | | | | | | | | | | | | | | | | | |
| 12 | | | | | | | | | | | | | | | | | | |
| 13 | | | | | | | | | | | | | | | | | | |
| 14 | | | | | | | | | | | | | | | | | | |
| 15 | | | | | | | | | | | | | | | | | | |
| 16 | | | | | | | | | | | | | | | | | | |
| 17 | | | | | | | | | | | | | | | | | | |

# 배우자 출산휴가 신청서

| 신청인 | 성 명 | | 생년월일 | |
|---|---|---|---|---|
| | 소속(부서) | | 직위(직급) | |
| 출산일<br>(출산예정일) | | | | 년 월 일 |
| 분할사용 여부 | | 네 (10일 중 일) 아니오 ( ) | | |
| 배우자<br>출산휴가<br>사용기간 | 최초 | 년 월 일 ~ 년 월 일 | | |
| | 분할 | 년 월 일 ~ 년 월 일 | | |

위와 같이 배우자 출산휴가를 신청합니다.


년 월 일


신청인 (서명 또는 인)

# 배우자 출산휴가 확인서

※ 뒤쪽의 작성방법을 읽고 작성하시기 바라며, [ ]에는 해당되는 곳에 "√" 표시를 합니다.　　　　　　(앞쪽)

| 기본사항 | ①사업장관리번호 | | | |
|---|---|---|---|---|
| | ②우선지원 대상기업 | [ ]해당<br>[ ]비해당 | 「고용보험법 시행령」 제12조에 따름) | |
| | ③사업장명 | | | |
| | ④사업장소재지 | | | |
| | ⑤담당자 | 성명:<br>전화번호: | (전자우편 주소: ) | |
| | ⑥근로자 성명 | | ⑦근로자 주민등록번호 | |
| | ⑧배우자 출산일 | 년　월　일 | ⑨분할사용 여부 | [ ]아니오 [ ]예 |

| ⑩배우자 출산휴가 부여기간 | 년　월　일 ~ 년　월　일<br>년　월　일 ~ 년　월　일 |
|---|---|
| ⑪휴가부여기간 중 통상임금 지급액<br>(급여지급액이 없으면 "없음") | |
| ⑫통상임금<br>(배우자 출산휴가 시작일 기준) | 산정기준: [ ]시급 [ ]일급 [ ]주급 [ ]월급(기타 )<br>통상임금:　　　원 |
| ⑬산정기준 기간 동안의 소정근로시간<br>(배우자 출산휴가 시작일 기준) | 월　　　시간 |

「고용보험법」 제71조 및 제77조, 같은 법 시행규칙 제123조에 따라 위와 같이 배우자 출산휴가 사실을 확인합니다.

확인자 사업장명 _____

대표자 _____(서명 또는 인)

○○지방고용노동청(지청)장 귀하

# 난임치료휴가 신청서

| 신청인 | 성 명 | | 생년월일 | |
|--------|-------|---|----------|---|
| | 소속(부서) | | 직위(직급) | |
| 난임치료 예정일 | | | | 년 월 일 |
| 난임치료휴가 사용기간 | 년 월 일 ~ 년 월 일 | | | |

위와 같이 난임치료휴가를 신청합니다.

년 월 일

신청인 　　　　(서명 또는 인)

※ 첨부1. 진단서(난임치료 예정일 확인용)

# 임신기 근로시간 단축 신청서

| 신청인 | 성 명 | | 생년월일 | |
|---|---|---|---|---|
| | 소속(부서) | | 직위(직급) | |
| 현재 임신기간 | 주       일 | | | |
| 현재 근무개시시각 ~ 종료시각 | 시    분 ~   시    분 | | | |
| 단축 근무개시시각 ~ 종료시각 | 시    분 ~   시    분 | | | |
| 개시 및 종료 예정일 | 년    월    일 ~    년    월    일까지 | | | |

위와 같이 임신기 근로시간 단축을 신청합니다.

20    년   월   일

신청인              (서명 또는 인)

※첨부1. 진단서(임신주수 확인용)

※임신기 근로시간 단축 예정일 **3일 전**까지 신청서를 제출해야 합니다.

# 유산 및 사산휴가 신청서

| | | | | |
|---|---|---|---|---|
| **신청인** | 성 명 | | 생년월일 | |
| | 소속(부서) | | 직위(직급) | |
| **임신기간** | 주 일 | | | |
| **유산·사산일** | 년 월 일 | | | |
| **유산·사산 휴가 사용기간** | 년 월 일부터 | | ( )일간 | |
| | 년 월 일까지 | | | |

위와 같이 유산 및 사산휴가를 신청합니다.

20 년 월 일

신청인 (서명 또는 인)

※첨부1. 진단서(임신주수 및 유·사산 확인용)

# 출산 전·후 휴가 신청서

| 신청인 | 성 명 | | 생년월일 | |
|---|---|---|---|---|
| | 소속(부서) | | 직위(직급) | |
| 출산전후 휴가 | 출산 (예정)일 | 년 월 일 | | |
| | 출산전후 휴가 사용기간 | 년 월 일부터 | ( )일간 | |
| | | 년 월 일까지 | | |
| 비 고 | | | | |

위와 같이 출산 전·후 휴가를 신청합니다.

20 년 월 일

신청인 　　　　(서명 또는 인)

※출산전후휴가 신청 시(분할신청 시)

첨부1. 진단서(유산·사산의 위험이 있다는 확인용)

# [ ]출산전후휴가  [ ]유산·사산휴가 확인서

※ 뒤쪽의 작성방법을 읽고 작성하시기 바라며, [  ]에는 해당되는 곳에 "√" 표시를 합니다.　　　　　　　(앞쪽)

| 기본사항 | ①사업장관리번호 | | | |
|---|---|---|---|---|
| | ②우선지원 대상기업 | [ ] 해당<br>[ ] 비해당 | (「고용보험법 시행령」제12조에 따름) | |
| | ③사업장명 | | | |
| | ④사업장 소재지 및 담당자 | 사업장 소재지:<br>담당자:　　　　　　연락처(전화번호:　　　　이메일:　　　） | | |
| | ⑤근로자 성명 | | ⑥근로자 주민등록번호 | |
| | ⑦임신기간<br>(유산·사산휴가인<br>경우에만 작성) | 1.11주 이내 □　　　　2.12주~15주 □　　　　3.16주~21주 □<br>4.22주~27주 □　　　　5.28주 이상 □ | | |
| | ⑧출산(예정)일 | 　　　　　년 월 일 | ⑨분할사용 여부 | [ ]예 [ ] 아니요 |
| | | | ⑩다태아(多胎兒) 여부 | [ ]예 [ ] 아니요 |

| ⑪출산전후 또는 유산·사산 휴가 기간 | | ⑫출산전후 또는 유산·사산 휴가 기간 중 통상임금 지급액 | |
|---|---|---|---|
| 첫번째 30일 | 년　년 월 일 ~<br>월 일( 일) | 첫번째 30일 | 원 |
| 두번째 30일 | 년　년 월 일 ~<br>월 일( 일) | 두번째 30일 | 원 |
| 세번째 30일 | 년　년 월 일 ~<br>월 일( 일) | 세번째 30일 | 원 |
| 네번째 30일<br>(다태아인<br>경우에만 작성) | 년　년 월 일 ~<br>월 일( 일) | 네번째 30일<br>(다태아인<br>경우에만 작성) | 원 |
| ⑬통상임금<br>(출산전후 또는 유산·사산 휴가 시작일 기준) | | 산정기준: 시급, 일급, 주급, 월급(기타　　　)<br>통상임금:　　　　　　　　　　　원 | |
| ⑭산정기준 단위기간 동안의 소정근로시간<br>(출산전후 또는 유산·사산 휴가 시작일 기준) | | 　　　　　　월　　　　시간 | |

「고용보험법」 제77조 및 같은 법 시행규칙 제123조에 따라 위와 같이 출산전후(유산·사산) 휴가 사실을 확인합니다.

확인자 사업장명

대표자　　　　　(서명 또는 인)

○○지방고용노동청(지청)장 귀하

# 육아휴직 신청서

| 신청인 | 성 명 | | 생년월일 | |
|---|---|---|---|---|
| | 소속(부서) | | 직위(직급) | |
| 육아휴직 | 대상자녀 | | | |
| | 성 명 | | 생년월일 | 년 월 일 |
| | 육아휴직<br>사용기간 | 년 월 일부터 | | ( 월 일)간 |
| | | 년 월 일까지 | | |
| 비 고 | | | | |

위와 같이 육아휴직을 신청합니다.

20 년 월 일

신청인 (서명 또는 인)

※육아휴직을 사용하고자 하는 날 30일 전까지 신청하여야 합니다.

다만, 출산 예정일 이전에 자녀가 출생한 경우, 배우자의 사망, 부상, 질병, 장애 또는 배우자와의 이혼 등으로 해당 자녀를 양
육하기 곤란할 때에는 휴직 시작 7일 전 육아휴직을 신청할 수 있습니다.

※첨부1. 가족관계증명서

# [  ]육아휴직 [  ]육아기 근로시간 단축 확인서

※ 뒤쪽의 작성방법을 읽고 작성하시기 바라며, [  ]에는 해당되는 곳에 "√" 표시를 합니다.　　　　　　　(앞쪽)

| 기<br>본<br>사<br>항 | ①사업장관리번호 | | ②사업장명 | |
|---|---|---|---|---|
| | ③사업장소재지 및<br>　담당자 | 사업장소재지:<br>담당자:　　　　연락처(전화번호:　　　　　이메일:　　　　　) | | |
| | ④근로자 성명 | | ⑤근로자 주민등록번호 | |
| | ⑥육아휴직 등<br>　대상 자녀의 성명 | | ⑦육아휴직 등 대상 자녀의<br>　주민등록번호 | |

| ⑧육아휴직 또는<br>　육아기 근로시간 단축 기간 | 년　　월　　일 ~　　년　　월　　일 | | |
|---|---|---|---|
| ⑨육아기 근로시간 단축에<br>　따른 근로시간 변동 | 근로시간 단축 전 소정근로시간　주　　시간 | | |
| | 근로시간 단축 후 소정근로시간　주　　시간 | | |
| ⑩통상임금<br>　(육아휴직 또는 육아기 근로시간 단축 시작일 기준) | 산정기준 : 시급, 일급, 주급, 월급, 기타<br>통상임금 :　　　　　　　　　　원 | | |
| ⑪산정기준 단위기간 동안의 소정근로시간<br>　(육아휴직 또는 육아기 근로시간 단축 시작일 기준) | 　　월　　　시간 | | |
| ⑫육아휴직 또는 육아기 근로시간<br>　단축기간 중 급여지급 내역 | 월 | 원 | |
| | 월 | 원 | |
| | 월 | 원 | |
| | 월 | 원 | |
| | 월 | 원 | |
| | 월 | 원 | |
| | 월 | 원 | |

「고용보험법」 제71조·제74조 제2항 및 같은 법 시행규칙 제118조에 따라 위와 같이 육아휴직(육아기 근로시간 단축) 사실을 확인합니다.

확인자 사업장명

대표자　　　　　　　　(서명 또는 인)

○○지방고용노동청(지청)장　귀하

# 육아기 근로시간 단축 신청서

| 신청인 | 성 명 | | 사번 | |
|---|---|---|---|---|
| | 소속(부서) | | 직위(직급) | |
| 대상자녀 | 성 명 | | 생년월일 | 년 월 일 |
| 육아기 근로시간 단축 | 개시 예정일 | 년 월 일부터 | ( 월 일)간 | |
| | 종료 예정일 | 년 월 일까지 | | |
| | 현재 근로시간 | 시 분 ~ 시 분 | | |
| | 단축 근로시간 | 시 분 ~ 시 분<br>※ 일별 근로시간이 다를 경우 별지 첨부 | | |

위와 같이 근로시간 단축을 신청합니다.

년 월 일

신청인 (서명 또는 인)

※육아기 근로시간 단축을 사용하고자 하는 날 30일 전까지 신청하여야 합니다.

# 시 말 서

아래 본인은 직원으로서 제 사규를 준수하고 맡은 바 책임과 의무를 다하여 성실히 복무하여야 함에도 불구하고 아래와 같이 회사(매장)의 관련 규정을 위반하여 해당 시말서를 제출하고 그에 따른 처벌을 감수하며 차후 본 건을 계기로 과오를 재발하지 않을 것을 서약합니다(아래의 사실을 허위가 없습니다).

| 성 명 | | 생년월일 | |
|---|---|---|---|
| 소속(부서) | | 직위(직급) | |
| 사 유 | | | |
| | | | |

상기 사실로 시말서를 제출합니다.

년    월    일

작성자 :                    (인)

# 징계처분 통지서

| 성 명 | | 생년월일 | |
|---|---|---|---|
| 소속(부서) | | 입사일 | |

상기 귀하는 아래와 같은 이유로        년    월    일부로 해고됨을 통보합니다.


- 아 래 -


※의복 등 대여품의 반환, 회사(매장)와의 대차 관계의 정산, 업무인계 등은 업무에 차질 없도록 부탁드립니다. 기존의 근로에 대한 임금은 차후 조속히 지급해 드리겠습니다.


년    월    일


매장이름 _____

# 해 고 예 고  통 보 서

| 성  명 | | 생년월일 | |
|---|---|---|---|
| 소속(부서) | | 입사일 | |

상기 귀하는 아래와 같은 이유로　　　년　　월　　일부로 해고됨을 통보합니다.

- 아 래 -

| 해고사유 | |
|---|---|
| | |

※의복 등 대여품의 반환, 회사(매장)와의 대차 관계의 정산, 업무인계 등은 업무에 차질 없도록 부탁드립니다. 기존의 근로에 대한 임금은 차후 조속히 지급해 드리겠습니다.

년　　월　　일

매장이름 _____

# 해 고 통 보 서

| 성   명 | | 생년월일 | |
|---|---|---|---|
| 소속(부서) | | 입사일 | |

상기 귀하는 아래와 같은 이유로          년     월     일부로 해고됨을 통보합니다.

- 아 래 -

| | |
|---|---|
| 해고사유 | |

※의복 등 대여품의 반환, 회사(매장)와의 대차 관계의 정산, 업무인계 등은 업무에 차질 없도록 부탁드립니다. 기존의 근로에 대한 임금은 차후 조속히 지급해 드리겠습니다.

년     월     일

매장이름 _____

# 근로계약 만료 통보서

[수 신 인]

| 성 명 | | 생년월일 | |
|---|---|---|---|
| 소속(부서) | | 직위 | |
| 근로계약기간 | 년 월 일 ~ 년 월 일 | | |

근로계약기간 만료로 인하여    년   월   일자로 당 회사(매장)와 귀하와의 고용
관계가 종료됨을 미리 통보합니다. 계약기간 동안 크게 애써 주신 데 대해 깊이 감사
드리며 앞으로 업무 상황에 따라 협력을 부탁드리오니 아무쪼록 협조하여 주시기 바
랍니다.



년   월   일



매장명 _____

# 사 직 서

| 성    명 | | 생년월일 | |
|---|---|---|---|
| 소속(부서) | | 직급 | |
| 입사일자 | | 퇴직일자 | |

아래와 같은 사유로 사직원을 제출합니다.

| 사  유 | |
|---|---|
| | |

본인은    년    월    일자로 퇴직함에 있어 아래 조항에 동의합니다.

1. 본인은 퇴직에 따른 업무인수인계를 최종 퇴사 시까지 철저히 하고 맡은 바 업무에 책임과 의무를 다하며 재직 시 업무상 지득한 제반 비밀 사항을 누설 시 귀사의 경영에 막대한 손해와 피해를 준다는 사실을 자각하고 일체 이를 누설하지 않겠습니다.
2. 기타 회사와 관련된 제반 사항을 퇴직 전일까지 처리하겠습니다.
3. 사직서 작성 후 근로기준법령에 따른 금품을 모두 지급받았음을 확인합니다.
4. 만일 본인이 상기 사항을 위반하였을 경우 이유 여하를 막론하고 서약에 의거 민·형사상의 책임을 지며 회사에서 요구하는 손해배상의 의무를 지겠습니다.

상기 본인은 위와 같은 사유로 사직을 요청합니다.

20    년    월    일

제 출 자 :          (인)

# 퇴직금 중간정산 신청서

## 1. 인적사항

| 성 명 | | 생년월일 | |
|---|---|---|---|
| 소속(부서) | | 직급 | |

## 2. 퇴직금 중간정산 신청사항

| 퇴직금<br>중간정산일 | 최초입사일자 | 년  월  일 |
|---|---|---|
| | 정산희망기간 | 년  월  일 ~  년  월  일까지 |
| | 분할지급여부 | ☐ 가능 (    회) ☐ 불가능 |
| 중간정산<br>신청사유 | | |
| 수령희망<br>계좌번호 | 은행명:          계좌번호:<br>예금주: | |

3. 상기 본인은 근로자퇴직급여보장법 제8조에 근거하여, 위의 기간 정산기간 내에 발생한 퇴직금에 대한 중간정산 및 지급을 요청합니다.

4. 이와 관련 본인은 퇴직금을 산정하기 위한 계속근로년수는 아래의 날짜부터 새로이 기산됨을 확인하는 바입니다.

    새로 기산되는 계속근로년수:          년     월     일

5. 동 신청 이후에는 퇴직금과 관련하여 여하한 이유로도 민·형사상 이의를 제기하지 않을 것임을 동의하는 바입니다.

년     월     일

신청인          (인)

매장명

# 수습직원 평가표

| 작 성 자 | | 작성일자 | | / | / | / |
|---|---|---|---|---|---|---|

1. 평가기간: 20    년    월    일부터 ~ 20    년    월    일까지

## 2. 피 평가자

| 성 명 | | 생년월일 | |
|---|---|---|---|
| 소속(부서) | | 직급 | |

## 3. 평가표

| 항목 | 가중치 | 평 가 내 용 | 평 가 | | | | | 평점 |
|---|---|---|---|---|---|---|---|---|
| | | | 탁월 | 우수 | 보통 | 미흡 | 불량 | |
| 업무수행능력 | 50 | · 담당직무 수행에 필요한 이론, 실무지식은 충분히 갖추었는가? | 10 | 9 | 8 | 7 | 6 | |
| | | · 담당직무의 수행과정 및 절차가 체계적이고 효율적인가? | 10 | 9 | 8 | 7 | 6 | |
| | | · 업무추진에 의욕적이고 어려운 상황에서도 적절한 해결책을 모색하려고 노력하는가? | 10 | 9 | 8 | 7 | 6 | |
| | | · 문제나 상황을 신속·정확하게 파악하여 대처하고 직무의 지시내용을 이해하는가? | 10 | 9 | 8 | 7 | 6 | |
| | | · 자기 역할을 충분히 인식하고 책임감을 가지고 성실하게 업무를 수행하는가? | 10 | 9 | 8 | 7 | 6 | |
| 근무자세 | 20 | · 규율 및 지침을 정확히 이해하고 성실히 준수하는가? | 5 | 4 | 3 | 2 | 1 | |
| | | · 용모는 단정하며 바른 예절과 교양으로 타인에게 호감을 갖게 하는가? | 5 | 4 | 3 | 2 | 1 | |
| | | · 동료 및 관련 직원과 원만하고 성실한 인간관계를 유지하면서 업무를 수행하는가? | 5 | 4 | 3 | 2 | 1 | |
| | | · 평가기간 중 업장의 명예를 실추시킨 사실은 없는가? | 5 | 4 | 3 | 2 | 1 | |
| 발전가능성 | 30 | · 새로운 업무 및 변화되는 현실에 대하여 잘 적응하는가? | 5 | 4 | 3 | 2 | 1 | |
| | | · 부단한 자기개발을 통하여 업무의 효율을 높이려는 의지가 있는가? | 10 | 9 | 8 | 7 | 6 | |
| | | · 업무 수행에 필요한 체력은 보유하고 있는가? | 5 | 4 | 3 | 2 | 1 | |
| | | · 업무 수행에 대한 새로운 방법이나 아이디어를 창출하여 업무를 개선하려는 의지가 있는가? | 10 | 9 | 8 | 7 | 6 | |
| 합계 | 100 | | | | | | | |

## 4. 지도평가자

| 소속 | 직위 | 직급 | 성명 | 점수 | 평가등급 |
|---|---|---|---|---|---|
| | | | | | |

※평가등급: S(91점 이상), A(91점 미만~81점), B(81점 미만~71점), C(71점 미만~61점), D(61점 미만)
　　B등급 이상 정규직 채용 대상

# 산업재해 조사표

※ 뒤쪽의 작성방법을 읽고 작성하시기 바라며, [ ]에는 해당되는 곳에 "√" 표시를 합니다. (앞쪽)

| I.<br>사업장<br>정보 | ①산재관리번호<br>(사업개시번호) | | | 사업자등록번호 | |
|---|---|---|---|---|---|
| | ②사업장명 | | | ③근로자 수 | |
| | ④업종 | | | 소재지 | ( - ) |
| | ⑤재해자가 사내 수급<br>인 소속인 경우<br>(건설업 제외) | 원도급인 사업장명 | | ⑥재해자가 파견<br>근로자인 경우 | 파견사업주 사업장명 |
| | | 사업장 산재관리번호<br>(사업개시번호) | | | 사업장 산재관리번호<br>(사업개시번호) |
| | 건설업만<br>작성 | 발주자 | | [ ]민간 [ ]국가 · 지방자치단체 [ ]공공기관 | |
| | | ⑦원수급 사업장명 | | 공사현장 명 | |
| | | ⑧원수급 사업장 산재관리번호<br>(사업개시번호) | | | |
| | | ⑨공사종류 | | 공정률 % | 공사금액<br>백만원 |

※아래 항목은 재해자별로 각각 작성하되, 같은 재해로 재해자가 여러 명이 발생한 경우 별도 서식에 추가로 적는다.

| II.<br>재해<br>정보 | 성명 | | 주민등록번호<br>(외국인등록번호) | | 성별 | [ ]남<br>[ ]여 |
|---|---|---|---|---|---|---|
| | 국적 | [ ]내국인 [ ]외국인 [국적:<br> ] | | ⑩체류자격: | ⑪직업 | |
| | 입사일 | 년 월 일 | ⑫같은 종류 업무<br>근속기간 | | 년 월 | |
| | ⑬고용형태 | [ ]상용 [ ]임시 [ ]일용 [ ]무급가족종사자 [ ]자영업자 [ ]그 밖의 사항 [ ] | | | | |
| | ⑭근무형태 | [ ]정상 [ ]2교대 [ ]3교대 [ ]4교대 [ ]시간제 [ ]그 밖의 사항 [ ] | | | | |
| | ⑮상해종류<br>(질병명) | | ⑯상해부위<br>(질병부위) | | ⑰휴업예상일수 | 휴업 [ ]일 |
| | | | | | 사망 여부 | [ ]사망 |

| III.<br>재해발생<br>개요 및<br>원인 | ⑱재해<br>발생<br>개요 | 발생일시 | [ ]년 [ ]월 [ ]일 [ ]요일 [ ]시 [ ]분 |
|---|---|---|---|
| | | 발생장소 | |
| | | 재해관련 작업유형 | |
| | | 재해발생 당시 상황 | |
| | ⑲재해발생원인 | | |

| IV.⑳재발<br>방지계획 | |
|---|---|

| ※위 재발방지 계획 이행을 위한 안전보건교육 및 기술지도 등을 한국산업안전보건<br>공단에서 무료로 제공하고 있으니 즉시 기술지원 서비스를 받고자 하는 경우 오른<br>쪽에 √ 표시를 하시기 바랍니다. | 즉시 기술지원 서비스<br>요청[ ] |
|---|---|

| 작성자 성명 | | | | |
|---|---|---|---|---|
| 작성자 전화번호 | | 작성일 | 년 월 일 | |
| | 사업주 | (서명 또는 인) | | |
| | 근로자대표(재해자) | (서명 또는 인) | | |
| ( )지방고용노동청장(지청장) 귀하 | | | | |

| 재해 분류자 기입란<br>(사업장에서는 작성하지 않습니다) | 발생형태 | □□□ | 기인물 | □□□□□ |
|---|---|---|---|---|
| | 작업지역 · 공정 | □□□ | 작업내용 | □□□ |

## <작성방법>
## Ⅰ.사업장 정보

①산재관리번호(사업개시번호): 근로복지공단에 산업재해보상보험 가입이 되어 있으면 그 가입번호를 적고 사업장등록번호 기입란에는 국세청의 사업자등록번호를 적는다. 다만, 근로복지공단의 산업재해보상보험에 가입이 되어 있지 않은 경우 사업자등록번호만 적는다. ※산재보험 일괄 적용 사업장은 산재관리번호와 사업개시번호를 모두 적는다.

②사업장명: 재해자가 사업주와 근로계약을 체결하여 실제로 급여받는 사업장명을 적는다. 파견근로자가 재해를 입은 경우에는 실제적으로 지휘·명령을 받는 사용사업주의 사업장명을 적는다. [예: 아파트를 건설하는 종합건설업의 하수급 사업장 소속 근로자가 작업 중 재해 입은 경우 재해자가 실제 하수급 사업장의 사업주와 근로계약을 체결했다면 하수급 사업장명을 적는다.]

③근로자 수: 사업장의 최근 근로자 수를 적는다(정규직, 일용직·임시직 근로자, 훈련생 등 포함).

④업종: 통계청(www.kostat.go.kr)의 통계분류 항목에서 한국표준산업분류를 참조하여 세세분류(5자리)를 적는다. 다만, 한국표준산업분류 세세분류를 알 수 없는 경우 아래와 같이 한국표준산업분류와 주요 생산품을 추가로 적는다. [예: 제철업, 시멘트제조업, 아파트건설업, 공작기계도매업, 일반화물자동차 운송업, 중식음식점업, 건축물 청소업 등]

⑤재해자가 사내 수급인 소속인 경우(건설업 제외): 원도급인 사업장명과 산재관리번호(사업개시번호)를 적는다. ※원도급 사업장이 산재보험 일괄 적용 사업장인 경우 원도급 사업장 산재관리번호와 사업개시번호를 모두 적는다.

⑥재해자가 파견근로자인 경우: 파견사업주의 사업장명과 산재관리번호(사업개시번호)를 적는다. ※파견사업주의 사업장이 산재보험 일괄 적용 사업장인 경우에는 파견사업주의 사업장 산재관리번호와 사업개시번호를 모두 적는다.

⑦원수급 사업장명: 재해자가 소속되거나 관리되고 있는 사업장이 하수급 사업장인 경우에만 적는다.

⑧원수급 사업장 산재관리번호(사업개시번호): 원수급 사업장이 산재보험 일괄 적용 사업장인 경우에는 원수급 사업장 산재관리번호와 사업개시번호를 모두 적는다.

⑨공사 종류, 공정률, 공사금액: 수급 받은 단위공사에 대한 현황이 아닌 원수급 사업장의 공사 현황을 적는다.

가.공사 종류: 재해 당시 진행 중인 공사 종류를 말한다. [예: 아파트, 연립주택, 상가, 도로, 공장, 댐, 전기공사 등]

나.공정률: 재해 당시 건설 현장의 공사 진척도로 전체 공정률을 적는다(단위공정률이 아님).

## Ⅱ.재해자 정보

⑩체류자격: 「출입국관리법 시행령」 별표 1에 따른 체류자격(기호)을 적는다(예: E-1, E-7, E-9 등).

⑪직업: 통계청(www.kostat.go.kr)의 통계분류 항목에서 한국표준직업분류를 참조하여 세세분류(5자리)를 적는다. 다만, 한국표준직업분류 세세분류를 알 수 없는 경우 알고 있는 직업명을 적고, 재해자가 평소 수행하는 주요 업무내용 및 직위를 추가로 적는다. [예: 토목감리기술자, 전문간호사, 인사 및 노무사무원, 한식조리사, 철근공, 미장공, 프레스조작원, 선반기조작원, 시내버스 운전원, 건물내부청소원 등]

⑫같은 종류 업무 근속기간: 과거 다른 회사의 경력부터 현직 경력(동일·유사 업무 근무경력)까지 합하여 적는다(질병의 경우 관련 작업근무기간).

⑬고용형태: 근로자가 사업장 또는 타인과 명시적 또는 내재적으로 체결한 고용계약 형태를 적는다.

가.상용: 고용계약기간을 정하지 않았거나 고용계약기간이 1년 이상인 사람

나.임시: 고용계약기간을 정하여 고용된 사람으로서 고용계약기간이 1개월 이상 1년 미만인 사람

다.일용: 고용계약기간이 1개월 미만인 사람 또는 매일 고용되어 근로 대가로 일급 또는 일당제 급여 받고 일하는 사람

라.자영업자: 혼자 또는 그 동업자로서 근로자를 고용하지 않은 사람

마.무급가족종사자: 사업주의 가족으로 임금을 받지 않는 사람

바.그 밖의 사항: 교육·훈련생 등

⑭근무형태: 평소 근로자의 작업 수행시간 등 근무형태를 적는다.

가.정상: 사업장의 정규 업무 개시시각과 종료시각(통상 오전 9시 전후에 출근하여 오후 6시 전후에 퇴근하는 것) 사이에 업무수행하는 것을 말한다.

나.2교대, 3교대, 4교대: 격일제근무, 같은 작업에 2개조, 3개조, 4개조로 순환하면서 업무수행하는 것을 말한다.

다.시간제: 가목의 '정상' 근무형태에서 규정하는 주당 근무시간보다 짧은 근로시간 동안 업무수행하는 것을 말한다.

다.그 밖의 사항: 고정적인 심야(야간)근무 등을 말한다.

⑮상해종류(질병명): 재해로 발생된 신체적 특성 또는 상해 형태를 적는다.

[예: 골절, 절단, 타박상, 찰과상, 중독·질식, 화상, 감전, 뇌진탕, 고혈압, 뇌졸중, 피부염, 진폐, 수근관증후군 등]

⑯상해부위(질병부위): 재해로 피해가 발생된 신체 부위를 적는다. [예: 머리, 눈, 목, 어깨, 팔, 손, 손가락, 등, 척추, 몸통, 다리, 발, 발가락, 전신, 신체내부기관(소화·신경·순환·호흡) 등] ※상해종류 및 상해부위가 둘 이상이면 정도 심한 것부터 적는다.

⑰휴업예상일수: 재해발생일을 제외한 3일 이상 결근 등 회사에 출근하지 못한 일수를 적는다(추정 시 의사 진단 소견 참조).

## Ⅲ.재해발생정보

⑱재해발생 개요: 재해원인의 상세한 분석이 가능하도록 발생일시[년, 월, 일, 요일, 시 (24시 기준), 분], 발생 장소(공정 포함), 재해관련 작업유형(누가 어떤 기계·설비를 다루면서 무슨 작업을 하고 있었는지), 재해발생 당시 상황[재해발생 당시 기계·설비·구조물이나 작업환경 등의 불안전한 상태(예시: 떨어짐, 무너짐 등)와 재해자나 동료 근로자가 어떠한 불안전한 행동(예시: 넘어짐, 깔임 등)을 했는지]을 상세히 적는다.

[작성예시]

| 발생일시 | 2013년 5월 30일 금요일 14시 30분 |
| --- | --- |
| 발생장소 | 사출성형부 플라스틱 용기 생산 1팀 사출공정에서 |
| 재해관련 작업유형 | 재해자 000가 사출성형기 2호기에서 플라스틱 용기를 꺼낸 후 금형을 점검하던 중 |
| 재해발생 당시 상황 | 재해자가 점검중임을 모르던 동료 근로자 000가 사출성형기 조작 스위치를 가동하여 금형 사이에 재해자가 끼어 사망하였음 |

⑲재해발생 원인: 재해가 발생한 사업장에서 재해발생 원인을 인적 요인(무의식 행동, 착오, 피로, 연령, 커뮤니케이션 등), 설비적 요인(기계·설비의 설계상 결함, 방호장치의 불량, 작업표준화의 부족, 점검·정비의 부족 등), 작업·환경적 요인(작업정보의 부적절, 작업자세·동작의 결함, 작업방법의 부적절, 작업환경 조건의 불량 등), 관리적 요인(관리조직의 결함, 규정·매뉴얼의 불비·불철저, 안전교육의 부족, 지도감독의 부족 등)을 적는다.

## Ⅳ.재발방지계획

⑳"19.재해발생 원인"을 토대로 재발방지 계획을 적는다.

# 2021년 적용 최저임금 고시

## 1. 최저임금액

| 업종　　　　　　결정단위 | 시간급 |
|---|---|
| 모든 산업 | 8,720원 |

◈월 환산액 1,822,480원: 주 소정근로 40시간을 근무할 경우, 월 환산 기준시간 수 209시간
(주당 유급주휴 8시간 포함) 기준

2.최저임금액에 산입하지 않는 임금(2021년)

1)근로기준법의 소정근로시간 또는 소정근로일에 대하여 지급하는 임금 외의 임금으로서 고용
노동부령으로 정하는 임금
　 – 연장근로 또는 휴일근로에 대한 임금 및 연장·야간 및 휴일근로에 대한 가산임금
　 – 연차유급휴가의 미사용수당
　 – 유급으로 처리되는 휴일에 대한 임금(단, 주휴일은 제외)

2)상여금, 그 밖에 이에 준하는 것으로 고용노동부령으로 정하는 월 지급액 중 해당 연도 시간급
최저임금액을 기준으로 산정된 월 환산액의 100분의 15에 해당하는 부분

3)식비, 숙박비, 교통비 등 근로자의 생활보조 또는 복리후생을 위한 성질의 임금으로 다음 중 어
느 하나에 해당하는 것
　 – 통화 이외의 것(현물)으로 지급하는 임금
　 – 통화로 지급하는 임금의 월 지급액 중 해당 연도 시간급 최저임금액을 기준으로 산정된 해당
연도 월 환산액의 100분의 3에 해당하는 부분

3.최저임금 사업의 종류별 구분 여부
　 – 사업의 종류별 구분 없이 모든 사업장에 동일하게 적용

4.최저임금 적용기간: 2021. 1. 1 ~ 2021. 12. 31.

# 법정의무교육 일지

| 교육<br>구분 | ☐ 직장 내 성희롱 예방교육 | | | | ☐ 장애인 인식개선교육 | |
|---|---|---|---|---|---|---|
| | ☐ 개인정보보호 교육 | | | | ☐ 퇴직연금 교육 | |
| | ☐ 직장 내 괴롭힘 예방교육 | | | | | |
| 참석<br>인원 | 구분 | 남 | 여 | 계 | 비고(미실시 사유) | |
| | 대상인원 | | | | 특휴: 연가: | |
| | 실시인원 | | | | 교육: 출장: | |
| | 미실시인원 | | | | | |
| 교육<br>일시 | 20 년 월 일( 요일) : ~ : | | | | | |
| 교육<br>장소 | | | | | | |
| 강사 | | | | | | |
| 교육<br>방법 | PPT, 동영상, 교재, 토론, 기타( ) | | | | | |
| 교육<br>내용 | 붙임: 1.직장 내 성희롱 예방교육 참석자 명단<br>　　　2.교육 자료<br>　　　3.교육 사진 | | | | | |

# 안전보건교육 일지

작성일자: 20 년 월 일       작성자:

<table>
<tr>
<td rowspan="3">교육<br>과정</td>
<td colspan="2">1.채용 시 교육(8시간 이상)</td>
<td colspan="3">4.정기 안전보건교육(매월 2시간 이상)</td>
</tr>
<tr>
<td colspan="2">2.작업내용 변경 시 교육(2시간 이상)</td>
<td colspan="3">5.관리감독자 교육(연 16시간 이상)</td>
</tr>
<tr>
<td colspan="2">3.특별안전보건교육(16시간)</td>
<td colspan="3">6.기타 법정 교육</td>
</tr>
<tr>
<td rowspan="4">교육<br>인원</td>
<td>구분</td>
<td>계</td>
<td>남</td>
<td>여</td>
<td>교육 미실시 사유</td>
</tr>
<tr>
<td>교육 대상자 수</td>
<td></td>
<td></td>
<td></td>
<td></td>
</tr>
<tr>
<td>참석인원</td>
<td></td>
<td></td>
<td></td>
<td></td>
</tr>
<tr>
<td>교육 미실시자 수</td>
<td></td>
<td></td>
<td></td>
<td></td>
</tr>
<tr>
<td>교육<br>과목</td>
<td colspan="5"></td>
</tr>
<tr>
<td>교육<br>내용</td>
<td colspan="5"></td>
</tr>
<tr>
<td rowspan="2">교육<br>실시자 및<br>장소</td>
<td>성명</td>
<td colspan="2">직책</td>
<td>교육 실시장소</td>
<td>교육시간</td>
</tr>
<tr>
<td></td>
<td colspan="2"></td>
<td></td>
<td></td>
</tr>
<tr>
<td>특이<br>사항</td>
<td colspan="5"></td>
</tr>
</table>

# 교육 참석자 명단

| 연번 | 소 속 | 성 명 | 날 인 |
|------|-------|-------|-------|
| 1 | | | |
| 2 | | | |
| 3 | | | |
| 4 | | | |
| 5 | | | |
| 6 | | | |
| 7 | | | |
| 8 | | | |
| 9 | | | |
| 10 | | | |
| 11 | | | |
| 12 | | | |
| 13 | | | |
| 14 | | | |
| 15 | | | |
| 16 | | | |
| 17 | | | |
| 18 | | | |
| 19 | | | |
| 20 | | | |
| 21 | | | |
| 22 | | | |
| 23 | | | |
| 24 | | | |
| 25 | | | |
| 26 | | | |
| 27 | | | |

# 2021 노무일지
# 별첨_각주

# 2021 노무일지

▶ 매월 10일은 4대 보험료 납부 / 원천세 납부 완료
▶ 매월 15일은 4대 보험 피보험자 취득·상실 신고 완료 / 근로내역확인신고(일용직) 신고 / 이직확인서 신고

## 1월

**1**
2021년 최저임금 8,720원 최저임금 효력 발생
2021년 최저임금(8,720원) 적용 및 최저임금 고시
2021년 건강보험료 인상
(건강보험료 6.86%, 장기요양보험료 11.52%)

**25**
부가가치세 확정신고·납부(2020년 7월~12월분)

## 3월

**10**
2020년분 건강보험 보수총액 신고 완료

**15**
2020년분 고용·산재보험 보수총액 신고 완료

## 4월

**25(26)**
부가가치세 예정신고 납부(2021년 1월~3월분)

## 5월

**1**
근로자의 날

## 7월

**1~10**
업장→직원_5인 이상 사업장 내 1년 이상 재직 직원
연차미사용일수 고지 및 사용시기 지정·통보 요구

**10~20**
직원→업장
연차유급휴가 사용시기 지정·통보

**25(26)**
부가가치세 확정신고·납부(2021년 1월~6월분)

## 10월

**1~10**
1차 촉진(연차 9일)_5인 이상 사업장 내 1년 미만 재직 직원
업장→직원
연차미사용일수 고지 및 사용시기 지정·통보 요구

**10~20**
직원→업장_5인 이상 사업장 내 1년 미만 재직 직원
연차유급휴가 사용시기 지정·통보

**25(26)**
부가가치세 확정신고·납부(2021년 7월~9월분)

**31**
업장→직원_5인 이상 사업장 내 1년 이상 재직 직원
근로자 연차사용시기 미통보 시 업장에서 연차사용시기 지정·통보

## 11월

**30**
업장→직원_5인 이상 사업장 내 1년 미만 재직 직원
근로자 연차_1년 미만 근로자의 연차 9일에 대하여 사용시기 미통보 시 업장에서 연차사용시기 지정·통보

## 12월

**1~5**
2차 촉진(연차 2일)_5인 이상 사업장 내 1년 미만 재직 직원
업장→직원
연차미사용일수 고지 및 사용시기 지정·통보 요구

**5~15**
직원→업장_5인 이상 사업장 내 1년 미만 재직 직원
연차유급휴가 사용시기 지정·통보

**20**
고용보험 가입 자영업자 2022년도 기준보수(등급) 신고기한

**21**
업장→ 직원_5인 이상 사업장 내 1년 미만 재직 직원
근로자 연차_1년 미만 근로자의 연차 2일에 대하여 사용시기 미통보 시 업장에서 연차사용시기 지정·통보

# 별첨_각주

[P.51] 근로계약서 내에 위약금이 ㅏ 손해배상액을 짓는 것을 인정

### 민법 제398조_배상액의 예정

① 당사자는 채무불이행에 관한 손해배상액을 예정할 수 있다.

② 손해배상의 예정액이 부당히 과다한 경우에는 법원은 적당히 감액할 수 있다.

③ 손해배상액의 예정은 이행의 청구나 계약의 해제에 영향을 미치지 아니한다.

④ 위약금의 약정은 손해배상액의 예정으로 추정한다.

⑤ 당사자가 금전이 아닌 것으로써 손해배상에 충당할 것을 예정한 경우에도 전 4항의 규정을 준용한다.

[P.90] 연차유급휴가

### 근로기준법 제60조_연차 유급휴가

① 사용자는 1년간 80퍼센트 이상 출근한 근로자에게 15일 유급휴가를 주어야 한다.

② 사용자는 계속근로한 기간이 1년 미만인 근로자 또는 1년간 80퍼센트 미만 출근한 근로자에게 1개월 개근 시 1일의 유급휴가를 주어야 한다.

③ 삭제

④ 사용자는 3년 이상 계속하여 근로한 근로자에게는 제1항에 따른 휴가에 최초 1년을 초과하는 계속근로 연수 매 2년에 대하여 1일을 가산한 유급휴가를 주어야 한다. 이 경우 가산 휴가를 포함한 총 휴가 일수는 25일을 한도로 한다.

⑤ 사용자는 제1항부터 제4항까지 규정에 따른 휴가를 근로자가 청구한 시기에 주어야 하고, 그 기간에 대하여 취업규칙 등에서 정하는 통상임금 또는 평균임금을 지급하여야 한다. 다만, 근로자가 청구한 시기에 휴가를 주는 것이 사업 운영에 막대한 지장이 있는 경우는 시기를 변경할 수 있다.

⑥ 제1항 및 제2항을 적용하는 경우 다음 각 호 어느 하나에 해당하는 기간은 출근한 것으로 본다.

1. 근로자가 업무상의 부상 또는 질병으로 휴업한 기간
2. 임신 중의 여성이 제74조 제1항부터 제3항까지 규정에 따른 휴가로 휴업한 기간
3. 「남녀고용평등과 일 · 가정 양립 지원에 관한 법률」 제19조 제1항의 육아휴직으로 휴업한 기간

⑦ 제1항 · 제2항 및 제4항에 따른 휴가는 1년간_계속근로한 기간이 1년 미만인 근로자의 제2항에 따른 유급휴가는 최초 1년의 근로가 끝날 때까지의 기간을 말한다 행사하지 아니하면 소멸된다. 다만, 사용자 귀책사유로 사용하지 못한 경우에는 그러하지 아니하다.

[P.92] 연차유급휴가 촉진제도

**근로기준법 제61조_연차 유급휴가의 사용 촉진**

① 사용자가 제60조 제1항 · 제2항 및 제4항에 따른 유급휴가_계속하여 근로한 기간이 1년 미만인 근로자의 제60조 제2항에 따른 유급휴가는 제외한다의 사용을 촉진하기 위하여 다음 각 호의 조치를 하였음에도 불구하고 근로자가 휴가를 사용하지 아니하여 제60조 제7항 본문에 따라 소멸된 경우에는 사용자는 그 사용하지 아니한 휴가에 대하여 보상할 의무가 없고, 제60조 제7항 단서에 따른 사용자의 귀책사유에 해당하지 아니하는 것으로 본다.

1. 제60조 제7항 본문에 따른 기간이 끝나기 6개월 전을 기준으로 10일 이내에 사용자가 근로자별로 사용하지 아니한 휴가 일수를 알려주고, 근로자가 그 사용시기를 정하여 사용자에게 통보하도록 서면으로 촉구할 것
2. 제1호에 따른 촉구에도 불구하고 근로자가 촉구를 받은 때부터 10일 이내에 사용하지 아니한 휴가의 전부 또는 일부의 사용시기를 정하여 사용자에게 통보하지 아니하면 제60조 제7항 본문에 따른 기간이 끝나기 2개월 전까지 사용자가 사용하지 아니한 휴가의 사용시기를 정하여 근로자에게 서면으로 통보할 것

② 사용자가 계속하여 근로한 기간이 1년 미만인 근로자의 제60조 제2항에 따른 유급휴가의 사용을 촉진하기 위하여 다음 각 호의 조치를 하였음에도 불구하고 근로자가 휴가를 사용하지 아니하여 제60조 제7항 본문에 따라 소멸된 경우에는 사용자는 그 사용하지 아니한 휴가에 대하여 보상할 의무가 없고, 같은 항 단서에 따른 사용자의 귀책사유에 해당하지 아니하는 것으로 본다.

1. 최초 1년의 근로기간이 끝나기 3개월 전을 기준으로 10일 이내에 사용자가 근로 자별로 사용하지 아니한 휴가 일수를 알려주고, 근로자가 그 사용시기를 정하여 사용자에게 통보하도록 서면으로 촉구할 것. 다만, 사용자가 서면 촉구한 후 발생한 휴가에 대해서는 최초 1년의 근로기간이 끝나기 1개월 전을 기준으로 5일 이내에 촉구하여야 한다.

2. 제1호에 따른 촉구에도 불구하고 근로자가 촉구를 받은 때부터 10일 이내에 사용하지 아니한 휴가의 전부 또는 일부의 사용시기를 정하여 사용자에게 통보하지 아니하면 최초 1년의 근로기간이 끝나기 1개월 전까지 사용자가 사용하지 아니한 휴가의 사용시기를 정하여 근로자에게 서면으로 통보할 것. 다만, 제1호 단서에 따라 촉구한 휴가에 대해서는 최초 1년의 근로기간이 끝나기 10일 전까지 서면으로 통보하여야 한다.

## [P.121] 가산임금

**근로기준법 제56조_연장·야간 및 휴일 근로**

① 사용자는 연장근로_제53조·제59조 및 제69조 단서에 따라 연장된 시간의 근로를 말한다에 대하여는 통상임금의 100분의 50 이상을 가산하여 근로자에게 지급하여야 한다.

② 제1항에도 불구하고 사용자는 휴일근로에 대하여는 다음 각 호의 기준에 따른 금액 이상을 가산하여 근로자에게 지급하여야 한다.

1. 8시간 이내의 휴일근로: 통상임금의 100분의 50
2. 8시간을 초과한 휴일근로: 통상임금의 100분의 100

③ 사용자는 야간근로_오후 10시부터 다음 날 오전 6시 사이의 근로를 말한다에 대하여는 통상임금의 100분의 50 이상을 가산하여 근로자에게 지급하여야 한다.

## [P.143] 직원 수가 5인 미만이라 하더라도 정부 지원 대상이 되는 특정한 조건

① 성장유망업종
② 벤처기업육성에 관한 특별조치법_벤처법에 따른 벤처기업
③ 지식서비스산업

④ 문화콘텐츠산업

⑤ 신·재생에너지산업분야 관련 업종

⑥ 중소벤처기업부가 지정한 대학·연구소 및 민간기업의『창업보육센터 입주기업·역 외보육기업』

⑦ 자치단체 또는 중앙단위 경제단체, 지역별·업종별 경제단체 및 협동조합, 기타 사업 주 단체_비영리 법인 및 특수 공법인이 자체적으로 지정·운영하는『창업보육센터 입 주기업·역외보육기업』

⑧『청년 창업기업』중

· 사회적기업가 육성사업을 통해 창업한 기업

· 대한민국 창업리그_중기부 수상자_팀가 창업한 기업

· 창조경제혁신센터의 각종 창업지원 사업 참여 기업

· 대학별 자체 운영 창업지원 프로그램에 참여한 기업

· 창업성공패키지_청년창업사관학교 졸업 기업

· 중소벤처기업부의 초기창업패키지 참여 기업

⑨ 시·도 교육청에서 인정한 현장실습 선도기업

[P.177] 돈 지급이 늦어진 것에 대한 이자를 면제받는 경우

근로기준법 시행령 법 제37조 제2항에서 "그 밖에 대통령령으로 정하는 사유"란 다음 각 호의 어느 하나에 해당하는 경우를 말한다.

1. 「임금채권보장법」 제7조 제1항 각 호의 어느 하나에 해당하는 경우

2. 「채무자 회생 및 파산에 관한 법률」, 「국가재정법」, 「지방자치법」 등 법령상의 제약에 따라 임금 및 퇴직금을 지급할 자금을 확보하기 어려운 경우

3. 지급이 지연되고 있는 임금 및 퇴직금의 전부 또는 일부의 존부를 법원이나 노동 위원회에서 다투는 것이 적절하다고 인정되는 경우

4. 그 밖에 제1호부터 제3호까지의 규정에 준하는 사유가 있는 경우

노무사가 알려주는
현장에서 바로 통하는 노무 처방전
_자영업 사장님 편

**초판 1쇄 발행** 2021년 3월 19일

**지은이** 박예희
**펴낸이** 윤서영     **펴낸곳** 커리어북스
**디자인** 이선영, 배수인
**편집** 김정연
**인쇄** 도담프린팅

**출판등록** 제 2016-000071호
**주소** 용인시 수지구 수풍로 90, 104-703
**전화** 070-8116-8867
**팩스** 070-4850-8006
**블로그** blog.naver.com/career_books
**페이스북** www.facebook.com/career_books
**인스타그램** www.instagram.com/career_books
**이메일** career_books@naver.com

**값** 15,900원
ISBN 979-11-971982-2-9 (03320)

© 2021, 윤서영